Key Factors for Success

強い営業店をつくる

今日からやろう コーチング!

前田典子
〔著〕

近代セールス社

はじめに　今こそ金融機関にはコーチングが必要だ

コーチング研修を依頼されたある金融機関の支店へ、事前調査に出かけたときのことです。お客様と一緒のソファに座っていた私は、支店の雰囲気が「何か暗い」ことに気づきました。

確かにロビー係やテラーは「基本動作」通り声を出しているし、お客様には笑顔で接しています。だけど何かが違う。いくら「営業用」の笑顔をふりまいていても、違和感が漂っているのです。いい金融機関、いい支店に感じられるような、湧き上がってくるような活気が感じられないのです。

しばらく見ているうちに、その原因がわかってきました。職員同士の書類の受け渡しや、指示のやりとりに暖かさが感じられないのです。やりとりの際に、笑顔で「お願いします」「ありがとうございました」といった言葉を付け加えることがないのです。

そのとき、なぜ私がこの金融機関から研修を依頼されたのかわかったような気がしました。この職場に足りないのは、人材でも商品でもなく、職員同士のコミュニケーションそのものだと思ったからです。

職業柄、多くの金融機関の職員の方とお会いする機会があります。テラー研修では女性職員の皆さんと話しますし、中間管理職や支店長クラスの研修では、マネジメントの悩みを聞くこともあります。

そんなとき、職場に問題のある金融機関はすぐにわかります。

まず皆さん元気がありません。誰もが「仕事がつらい」と言います。確かに、人員が減り仕事の負担が増えた上に業務目標が加わるわけですから、大変なのは理解できます。上司からのプレッシャーを跳ね返すべく、ひたすら仕事に邁進する毎日。充実感を得る暇もないというわけです。

一方、上司は上司で、本部から課せられる厳しい目標を達成することに躍起で、とても部下を育成するような余裕がありません。これではいくら新商品を投入し、厳格な目標を定めたとしても早晩、息切れしてしまうでしょう。

かつて、「金融機関は紙と人でできている」と言われましたが、肝心の人、つまり職員の飛躍がなければ金融機関に将来はないと言っても過言ではありません。

金融機関という組織に可能性を見いだすためには、人を育て、飛躍させる雰囲気、企業風土が不可欠なはずです。そのために、職員の皆さんがもっと生き生きと能力を発揮できる組織に変えることはできないのでしょうか。

　そんな思いが本書を執筆する動機になっています。そしてここで紹介するのは、まさに部下を飛躍させる手法、「コーチング」なのです。

　いま、ビジネスシーンではコーチングは一般的な言葉として認知されつつあります。多くの企業がマネジメント手法や部下育成の方法としてコーチングを導入し、成果をあげてきています。それを金融機関という組織で広く活用すれば、大きな成果をあげることができるに違いありません。

　人と人とのコミュニケーションは、とりあえず相手に話しかければいいというものではありません。もっと奥深く、デリケートなものです。コーチングが優れているのは、その曖昧な世界に理論を導入し、誰もがコミュニケーションを成功裏に導く方法を提供できるからです。

　もちろん、コーチングで教える「言い方」を実行するだけで、すぐに部下が動くわけではありません。コーチングを機能させるためには、そのための環境づくりからはじめる必要があります。面倒に思うかもしれませんが、誰でもやろうと思えば簡単にできることですし、コーチングを使えば部下の能力を最大限に発揮させることができるのです。だからこそ、その「環境づくり」に目を向けてほしいのです。

今まで、私はコーチングにより多くの方々の能力開発をサポートしてきました。そして、私自身もコーチングによってやる気と可能性を引き出され、成果をあげています。

読者の皆さんが職場とする金融の世界は、日本経済の中心です。日本全国の金融マン・金融ウーマンの皆さんが生き生きと働けたら、きっと世の中全体が明るくなるに違いありません。

本書には小難しい理屈はできるだけ省略して、とにかくすぐに現場で実践できる知識が詰め込まれています。最初のページから順に読んでもいいし、興味のある部分を拾い読みしても構いません。

大切なのは、とにかくやってみること。それによって、皆さんの職場にいいコミュニケーションが生まれ、活気あふれる強い営業店ができれば、これ以上の幸せはありません。

２００５年　７月

前田　典子

目次

はじめに　今こそ金融機関にはコーチングが必要だ・1

序　章　コーチングで解決できる7つの問題・13

1　指示待ち部下――部下が自主的に動いてくれない・14
2　人間関係の軋轢――派遣職員やパート職員と正職員との間に溝がある・16
3　店頭での苦情――テラーの感じが悪い・18
4　ゾンビ部下――やる気がないようだ・20
5　精神的虚弱――できないとすぐに諦めてしまう・22
6　部下への遠慮――叱らなければいけないと思うのだけど・24
7　世代間格差――〝呑みニケーション〟を拒否される・26
さあ!問題を解決しよう・28
NG①「それで、何が言いたいの?」・30

第1章　これでわかるコーチングの基礎知識・31

目　次

1　コーチングはどのように使われてきたか・32
2　コーチングとはどんなコミュニケーションなのか・34
3　「考えさせて話させる」で部下が伸びる・37
4　指示命令ではなぜダメなのか・40
5　部下とどんな状態のシーソーに乗っているか・42
6　横に並んで一緒にゴールを目指す・45
7　答えは部下の中にある・48
8　コーチングがやる気を引き出す秘密・50
9　コーチングは一過性のブームではない・53
NG②「私の背中を見て育て！」「私の若い頃は…」・55

第2章　コーチングが機能する環境づくり・57

1　コーチング、使えばいいというものではない・58
2　あなたの本心は見抜かれている・62
3　部下への期待が成長の原点・64

4　「ダメな部下」と決めているのは誰か・67
5　自信は成長の原動力・70
6　オープンハートが信頼のスタート・73
7　部下のモデルになっているか・76
8　忍耐と余裕、あなたにありますか・78
9　部下の育った時代を知っていますか・80
NG③　「～しかできていないのか！」「なぜできなかったんだ！」・82

第3章　さっそく使ってみよう！コーチングの技〈初級編〉・83

1　コーチング実践の前に……――周囲の否定的な反応にもたじろがずに続けよう・84
2　コーチングの基盤「聴く」・86
2―1　まずは部下の話を「聴いて」みよう・86
2―2　3分間リスニングできますか・89
2―3　「表情とうなずき」で安心させる・92
2―4　「あいづち」で部下の気持ちをつかむ・94

目次

2―5　「オウム返し」はプロの技・96
2―6　「内容の要約」が部下をうならせる・99
2―7　「感情の要約」が部下の心を打つ・102
3　コーチングの主軸「質問」・104
3―1　「質問」が潜在意識を刺激する・104
3―2　「クローズな質問」と「オープンな質問」・106
3―3　「オープンな質問」がコーチングの第一歩・108
3―4　「クローズな質問」で確認する・110
3―5　「ハッ！」とさせる質問の技①「視点を変える」・112
3―6　「ハッ！」とさせる質問の技②「具体化する」・115
3―7　「ハッ！」とさせる質問の技③「一般化する」・118
3―8　あなたがやっているのは「詰問」だ・121
3―9　言い訳をされていませんか？・123
NG④「いいよ、私がやるから」・125

第4章 部下を必ず伸ばすコーチングの技〈応用編〉・127

1 あなたは部下の心理状態をわかっているか・128
2 コーチングの根幹「認める」・131
2―1 「認める」技があなたの腕の見せどころ・131
2―2 「Yes」の受け止めが信頼を生み出す・134
2―3 マイナスではなくプラスに目を向ける・136
2―4 部下の変化を見逃すな！・138
2―5 「感謝」を忘れたら部下は動かない・140
3 コーチングを強化する「ほめる」・142
3―1 「認める＋ほめる」でやる気を10倍にする・142
3―2 Youメッセージで強くほめる・144
3―3 Iメッセージで確実にほめる・146
3―4 「私ってなかなかだな」と思わせるWeメッセージ・148
3―5 ほめっぱなしになっていませんか・150
4 コーチングをキリッと締める「メッセージの伝え方」・152
4―1 叱るのではなく率直に伝える・152

4―2　命令を提案に変えてみる・154
4―3　フィードバックとアドバイスで成長を加速させる・156
コラムその①　「大切にされている」がやる気を引き出した・158

第5章　部下の個性を分析する・161

1　コーチングはオーダーメイド・162
2　部下は今どのステップにいるのか・164
3　部下のやる気と能力はどういう状態か・166
4　部下にとって「仕事」とは何なのか・169
5　女性部下にとっての「仕事」が何かわかっているか・172
6　部下の行動から4つのタイプに分けてみる・175
6―1　DiSCとは・175
6―2　D「主導」…意思決定と行動力・178
6―3　i「感化」…社交性と楽観性・180
6―4　S「安定」…メンバーシップと持続性・182

6―5　C「慎重」…分析と正確さ・184
コラムその②　コーチングは強い営業店をつくる・186

第6章　コーチングで負けない組織をつくる・189

1　一日一回コーチング・190
2　CS運動よりも「ありがとう」運動を・193
3　コーチングでアイディアを引き出す・195
4　コーチングで様々な問題を解決する・198
5　金融機関の目標管理とコーチング・200
6　面談にコーチングを取り入れよう・203

本文イラスト●山中こうじ

序　章

コーチングで解決できる7つの問題

1 指示待ち部下――部下が自主的に動いてくれない

いま、金融機関の現場では、人員が減る一方で新システムの導入や商品のバリエーションが増え、職員の負担が年々増加しています。また、競争も一層激しさを増すとともに、お客様の目が厳しくなっていることもあり、管理職の気が休まるヒマはありません。

そのような状況では、昔のように、管理職が部下に全ての指示を出すのは不可能に近いでしょう。しかし、第一線でお客様と接している部下こそ、改善すべき情報を持っています。そのため、部下にもっと自発的に自主的に動いてもらうことが必要なのです。

かつての金融機関は、上司からの指示を聴く、マニュアルや規定を守る、といった受け身の業務が中心でした。ですから、指示待ち部下が蔓延《まんえん》する土壌は元々あったわけです。

部下の方も、「指示がなければ動いてはいけない」「上から指示があるのが当然」「上司には何も言ってはいけない」ととらえている風潮があります。この風土を変えない限り、活気のある組織にはなりにくいでしょう。

↓第1章4　指示命令ではなぜダメなのか

①
…というわけでお客様に選ばれる窓口づくりを全員が工夫するように
②
……
何も変わってないじゃないか！
グチャ～
③
パンフレットはお客様の目に留まる所に置くんだ
では、どの場所がいいですか？
④
ATMの袋はもっと多めに置いたほうがいいぞ
はい、何枚置いておけばいいですか？
⑤
そんなことまで指示されないとできないのか！
⑥
まったく…
？

2 人間関係の軋轢《あつれき》――派遣職員やパート職員と正職員との間に溝がある

最近は派遣職員やパート職員と一緒に仕事をするケースが多くなりました。特に、お客様をお迎えする店頭では正職員の割合がかなり減ってきています。

そこで問題になっているのが、雇用形態の違いによる仕事に対する意識の差です。

正職員はパート職員に対して「時間になると仕事の途中でも帰ってしまう」「通帳を見てセールスできそうなお客様には声をかけてほしいのに」という不満を漏らしています。

一方、パート職員は「4時までの契約だから」「セールスはしなくていいという条件だった」「こんな安い時給で働いているのに、勉強したりセールスしたりしなきゃいけないの？」というように、完全に意識が食い違っています。

あなたが何とか解決しなければ仕事に支障が出てしまいます。

↓第3章2-7　「感情の要約」が部下の心を打つ
第3章3-5・6・7　「ハッ！」とさせる質問の技①～③
第5章5　女性部下にとっての「仕事」が何かわかっているか

①
お先にー
えっ、まだ仕事残ってるのに！
②
ありがとうございました
あー、あのお客様定期預金満期なのにー
③
お昼休みに新商品の勉強会やらない？
④
時給安いしね
私、買い物がありますから…
⑤
⑥
う〜ん…

3 店頭での苦情——テラーの感じが悪い

「テラーの感じが悪い」

お客様からこんな苦情が寄せられている金融機関が少なくないようです。

「マナー向上運動」「CS運動」など、金融機関は顧客サービス向上のため、様々な運動に取り組んでいます。しかし、なぜかいまだにお客様からの「笑顔がない」「応対が事務的」「不親切」などという苦情が絶えません。

確かに、取扱商品が増え、テラーの役割が事務受付職から店頭営業職へと変化する一方で、人員が減り新しいシステムが導入されたりと余裕はなくなってきています。

この大きな原因は、テラー自身が仕事にやり甲斐を感じていないことにあります。自分自身が楽しくないのに、他人（お客様）に親切にせよというのは無理な話です。

また、内部の人間関係が悪く孤独感を持っている場合も、やりがいに大きな影響を及ぼします。これについては、第6章で詳しく説明します。

↓第6章2　CS運動よりも「ありがとう」運動を

①
顧客満足向上運動実施中
②
なんなのこのテラーは!!
ありがとうございましたー
③
この窓口感じ悪いぞ支店長を出せ!!
えー…
④
近藤くん、課長だろなんとかしなさい
いらっしゃいませー
はあ…
⑤
顧客満足向上運動を行っているんだから…
はあ…
⑥
じゃあどうすればいいんですか?
あいた口が…

4 ゾンビ部下――やる気がないようだ

ゾンビのように生気を失っているように見える部下はいませんか？　彼らは一応仕事をこなしてはいます。ですが、新しいことを考えるわけでもなく、会議に出ても何も発言せず、話しかけても反応は薄く、ただ黙々と変化のない仕事をしているだけです。

しかし、どうしてこうなってしまったのでしょうか。「この部下はやる気がない」と決めつけてしまう前に、その理由を考える必要があります。

この場合、問題となるのは「パーソナリティ」と「価値観」です。部下の「パーソナリティ」をよく観察すれば、この部下が何らかの原因でやる気がなくなっているだけなのか、もともと大人しい人なのか、という違いを見極めることができます。

次に、あなたと部下の価値観は違っているのかもしれません。それを全て「間違っている」というフィルターをかけて見てしまうと、育成もうまくいかないのです。

ゾンビ部下を育てるには「自己理解→他者理解→他者への適応」が必要なのです。

➡第5章6　部下の行動から4つのタイプに分けてみる

①
おはよう！
あっ課長
おはようございますす…
②
は〜
③
調子はどうだ？
……
④
⑤
ゾンビくん 何かアイディアはある？
いえ、べつに…
⑥
彼にはやる気があるのだろうか…

5 精神的虚弱——できないとすぐに諦めてしまう

何か小さな失敗をしたり、少しでも思い通りに進まないと「私はダメな人間ですから」「私には適性がありません」などと言って、それ以上の努力をしない部下はいませんか？

彼らを見て「もう少し頑張ればいいのに」「自分の若い頃と比べると、最近の若者は精神的に弱い」そう感じる人が多いのではないでしょうか。

諦めてしまう理由を想像してみましょう。仕事に対する意識がそれほど高くないのかもしれませんし、理由をつけてそれ以上傷つかないようにしているのかもしれません。また、お客様との関わりを難しいと感じているのかもしれません。

こういった部下にやる気を出させるには、一人ひとりの仕事の習熟度や能力、適性など、様々な観点から考え対処しなければなりません。「精神的に弱い」と決めつけて根性を出せと言っても、まず動くことはないと思ってください。

⬇第5章2　部下は今どのステップにいるのか
第5章3　部下のやる気と能力はどういう状態か

①
はあー
新規が取れない…
はぁ〜
どうした?
②
ぼく、銀行員に向いてないんです
でも配属されてまだ一週間だろ?
③
テラーはもうできません
お客様に『早くして』と言われただけだろ?
④
2人とも、もう少し頑張ってみたらどうだ
⑤
いくらやっても無理なんです　自分でもわかってます!!
⑥
う〜ん

6 部下への遠慮──叱らなければいけないと思うのだけど

「仕事中の態度がなっていない」「身だしなみがよくない」「お客様への応対が悪い」「周りに協力しない」。こんな部下に、注意をしたり叱ったりしなければならないのに、指導しにくいと感じることはありませんか？

叱ると部下に嫌われるかもしれない、女性に泣かれてしまうかもしれない。そんなことを怖れている上司も多いようです。そんなリスクを取るより、部下と仲良く楽しく過ごすことを選択する上司もいます。でも、ちょっと待ってください。そんなあなたの元で育った部下は、果たして成長するでしょうか。

妥協した仲良しクラブの上司と一緒に働いても部下は現状維持かそれ以下。そんな部下が、異動した部署で仕事についていけなくなったという話もよく聞きます。

あなたが言うべきことを適切に伝えることで、部下はきちんと育ちます。コーチングを活用すると、部下を不必要に傷つけることなくメッセージを伝えることができるのです。

➡第4章4-1　叱るのではなく率直に伝える

①
ピンポーン　あたり！課長は休みでーす
はははは
②
ミニスカート？
③
足を組んで…
④
おい　山内くん　ちょっと
はい支店長
⑤
課長なんだから　もっときちんと部下を指導してくれないと困るよ
はぁ…
⑥
支店長が叱ればいいのに…自分じゃ言えないくせに

7 世代間格差――〝呑みニケーション〟を拒否される

一昔前は、部下とのコミュニケーションというと、業後に連れだって一杯呑みに行くのが普通でした。そこで部下は日頃の仕事の悩みを打ち明け、上司は相談に乗ったりアドバイスをしたりしたものです。

しかし、最近は事情が少し変わってきています。「おい、今日一杯どうだ？」と誘っても「今日は先約がありますので」と断られることが多くなりました。

また、店内旅行なども参加者の減少から取りやめたり、行っても日帰りや現地集合現地解散といったスタイルにして、拘束時間をできるだけ少なくしているようです。

バブル期以降に入社した部下には、組織には依存せず自分の力で生きたいと考えている人が多くなりました。そのため、夜上司と呑むより、勉強をしたり外の世界の人と知り合うことのできるイベントに参加したいと考えるのも頷《うなず》けます。

〝呑みニケーション〟以外に、コミュニケーションを取る良い方法はないのでしょうか？

➡第2章9　部下の育った時代を知っていますか

①
今日ちょっと呑みに行かないか？
②
う〜ん
どうした？
③
きょ、今日は大学の夜間講座があるんです
すみません
そうか　それじゃあ仕方がないな
④
俺って嫌われているのかなぁ
はは・・
居酒屋のんべえ
⑤
夜間講座
テーマ
「コミュニケーションギャップ」
⑥
上司とコミュニケーションが取れないんです

さあ！問題を解決しよう

さて、序章ではいろいろな問題について述べてきました。これらはすべて管理職の方々から聴いた話ですから、読者の皆さんにも心当たりがあると思います。はたして、これらは解決不可能なのでしょうか。

こういった問題が発生する原因はいろいろあります。例えば、部下の育成方法が現状に適していないこと、部下に対する理解が不足していること、上司の価値観を部下に押しつけていること、コミュニケーション不足であることなどがあげられます。このようなことが複数組み合わされることで、職場の問題に発展するのです。

上司と同じ部下が一緒に働くのはほんの数年ですから、その間できるだけ問題に向き合わずに過ごすことも可能です。また短期的な収益目標をクリアするだけなら、無理矢理部下を動かすという方法でも支障がないかもしれません。

しかしそれでは部下は育ちません。常に上司が無理して頑張らなければ収益目標の達成は難しくなります。厳しいノルマを与えてガミガミ言う上司と、何とか数字をとひたすら耐えて働く部下。こんな状態で働き続けるとどうなるでしょう。上司も部下もどんどん疲弊し、職場の雰囲気も悪くなる一方でしょう。

これでは、お客様に対するサービスがよくなるはずはありません。後にも述べますが、誰しも自分が心地よくない状況で、他人（お客様）に思いやりの心で接することはできないのです。そのような状態を続けていけばお客様の心が離れてしまうことは、想像に難くありません。

あなたが部下について何か問題を見つけたら、小手先でやりくりするのではなく、どうしたら根本的に解決できるのかを考えなければなりません。それは、部下やお客様のためになることはもちろんですが、あなた自身のやり甲斐にもかかわってくるはずです。

部下に関する問題は、上司が考え方やコミュニケーションの取り方をほんの少し変えるだけで、解決できるケースも多いのです。そのために上司にぜひ身につけていただきたいのが「コーチング」なのです。

では、いよいよ解決方法の紹介に移ります。

NG①
こんな一言が部下のやる気をなくす

「それで、何が言いたいの?」

確かに質問の形は取られています。しかし、これは部下に考えさせるものではなく相手を責める「詰問」です。

それに加えて、上司が部下を見下している様子も見られます。言葉には出さなくても、

「何をぐちゃぐちゃ言っているのよ!」

という気持ち、そして、部下の不安をくみ取ろうとしない姿勢が伝わります。これでは部下は育ちません。

①
お客様に年金受取セールスをしようと思ったんですけど、ダメそうですし…
②
投資信託だとお年寄りには難しそうな気がしますし…
ちょっと
③
それで何が言いたいの?
④
何が…と言われても…

第1章

これでわかるコーチングの基礎知識

1 コーチングはどのように使われてきたか

コーチング（coaching）という言葉は、物や人を目的地まで運ぶ「coach＝馬車」がその由来です。一般的には「目標達成を支援する技術」と訳されますが、近年ではもっと広く「相手の自発的な行動を促すコミュニケーションの手法」ととらえられています。

この手法は、コーチングという形のコミュニケーションを取ることで、人のやる気や可能性を刺激し「自ら行動を起こす」ための支援を目的としています。

自ら行動を起こすのは、実はなかなか難しいことです。「やらなければならないのはわかっているけど」「わかっちゃいるけどやめられない」などの言葉が表すように、それには大きな壁があります。コーチングはその壁を越えることを助けます。

つまり、部下がほんの少し「やろうかな」「できるかも」と思っていたことを「やろう」

という気持ちにさせたり、成功体験により自信をつけさせる、といったことを可能にするのです。

コーチングは長い間スポーツの世界のものとされてきました。米国などでスポーツ以外への活用が始まったのが、1990年代初め頃のことです。

日本では1990年代後半にコーチングが紹介され、コーチを養成する団体が次々に設立されました。と同時に、ビジネスや個人の人生設計の支援ツールとしての認識が広がり始め、体系的に導入する企業も急速に増えました。

現在では、企業の経営者や管理職がマネジメントの質を向上させるために活用する他、目標管理、社内コミュニケーションの向上、チーム力向上を目的として導入されています。近年、金融業界でもコーチングを活用した事例が年々多くなり、徐々に成果をあげつつあります。

個人としても企業経営者やビジネスマンを始め多くの人が、目標達成のためにプロのコーチからコーチングされるケースも広まってきました。

コーチングはいまや普及期から充実期を迎え、企業内のコミュニケーション手法としての地位を確立しつつあります。

2 コーチングとはどんなコミュニケーションなのか

左の図は、コーチングの最も基本的なコミュニケーションパターンを示しています。

まず①でAさんが質問を投げかけます。これは部下の潜在意識への問いかけを促す意図的な質問です。

質問を投げかけられたBさんは②で考えます。「考える」とは、人が自分の潜在意識に問いかけて探っている状態です。潜在意識には過去の体験、記憶などがインプットされています。「考える」作業によって、それまで意識していなかったこと（顕在化されていないこと）を表層化させることができるのです。これが「ハッと気づく」という現象です。

次に③でBさんはAさんに考えたことを言語化して答えます。実はこの「言語化」がとても重要です。言語化することによっても、人は潜在意識から情報を引き出したり整理し

●コーチングの仕組み

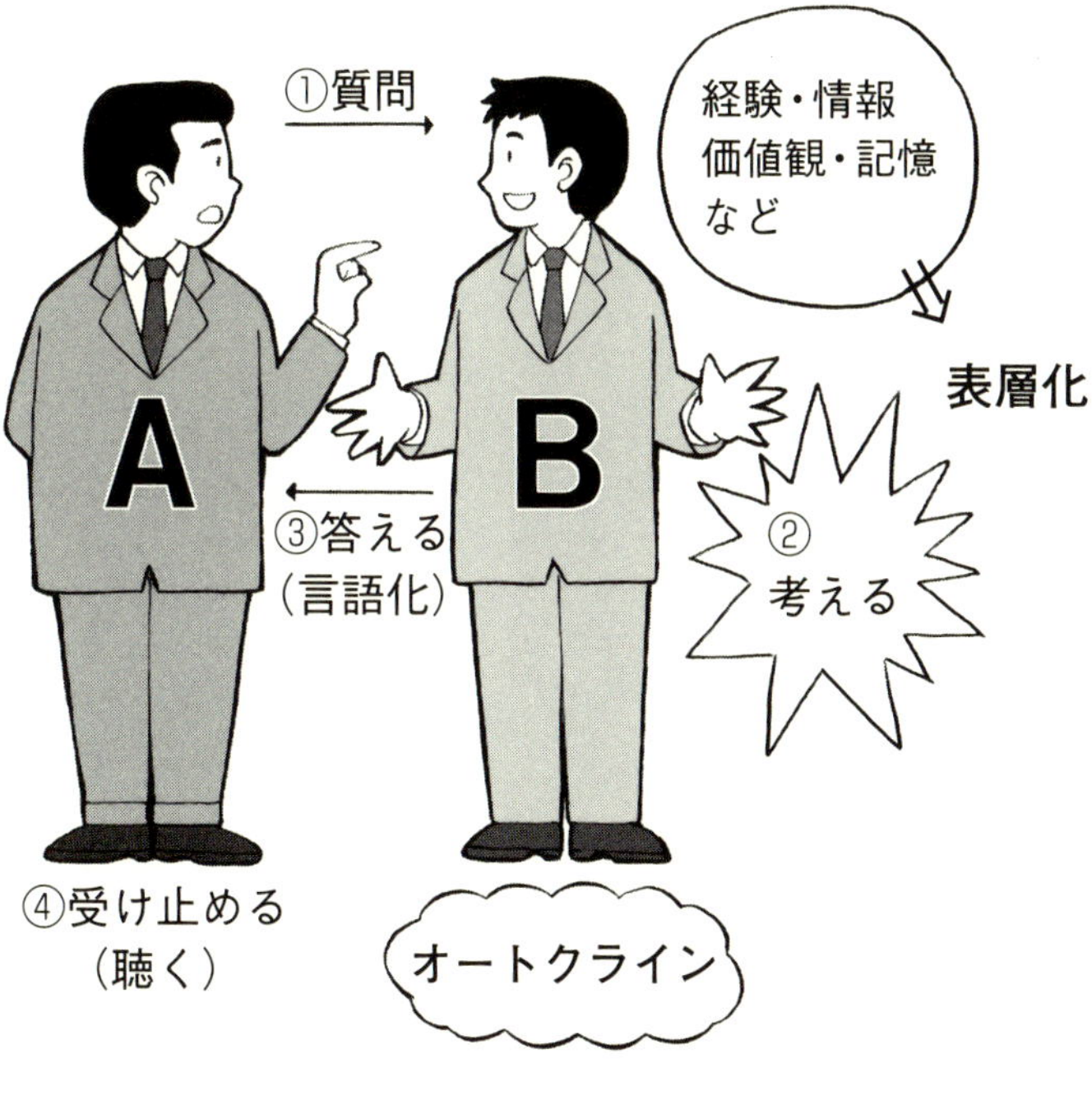
①質問
経験・情報
価値観・記憶
など
表層化
A
B
②
考える
③答える
（言語化）
④受け止める
（聴く）
オートクライン

たりすることができるのです。脈略なく話をしているうちに考えがまとまったり、解決策を思いついたりした経験はないでしょうか。この作用は「オートクライン」と呼ばれています。

最後に、④でAさんはBさんの発言を聴きます。しかし、これはただ聴くのではありません。もう一段踏み込んで受け止めることが必要なのです。

コーチングの秘密は②と③にあります。潜在意識にあるものを表層化させることが、Bさんの成長につながるのです。そのためには、Aさんの①質問と④受け止め方（聴き方）が重要になります。まずBさんがきちんと潜在意識を探って考えるためには、①で適切な質問をしなければなりません。そして、③でBさんにたくさん言語化させるためには、④の発言の受け止め方にもコツがあります。Bさんがオートクラインを起こしやすいように受け止める（聴く）ことが必要なのです。

この意図的な①質問と④受け止め方（聴き方）に、コーチングのノウハウがあります。

職場にコーチングを導入する場合、この基本パターンのような形で行われるのは、面談などの話し合いのときです。これからご紹介する考え方やいろいろなスキルを、パターンにこだわらず部下との日々の関わりにプラスして活用するとよいでしょう。

3 「考えさせて話させる」で部下が伸びる

「考える」「話す」が潜在意識にあるものを表層化させるということを前項で紹介しました。実は、これが部下の育成に大いに役立つのです。

あなた「○○さん、A商事の感触は良かった?」

部　下「良い感触でした」

あなた「社長には会えた?」

部　下「ええ会えました。多分いけますよ、この案件」

日常どこにでも見られるやりとりです。しかし、この会話にはひとつ問題があります。

それは、この部下がただ上司の言葉に反応しているだけだということです。

そこで、この会話を次のように変えてみます。

あなた「○○さん、A商事の感触はどうだった？」
部　下「良い感触でした。レートを提示したら財務課長が興味を持ったようでした」
あなた「ほう。そこからどんな状況が考えられる？」
部　下「そうですね。メインの△銀行の話をしたときに、何か不満がありそうでした。
　多分レート以外にも対応に満足していない要素があるように思います。うちが
　現地の情報を提供できたことも喜んでいましたし。今後は、A商事の状況をチ
　ェックしてもう少しよい条件を出せることがないか検討してみます…（続く）」

　いかがでしょうか。「（感触）良かった？」を「（感触は）どうだった？」と変えるだけで、部下の答えは膨らみます。部下は「どうだった？」という質問に答えるために、面談の状況を思い出して（潜在意識を探って）話をするからです。

　それに対して、もう一度「どんな状況が考えられる？」と問いかけることで、再度部下は記憶を探り分析し、そして今後どうするかという検討事項まで話しています。自ら考え潜在意識にある答えを出して（表層化させて）いるのです。これが、成長の第一歩です。

　ただ状況を尋ねるために質問をするのではなく、「質問によって部下を考えさせ、話させ、そして成長させる」というのは、コーチングの特徴の一つです。

考えさせる質問をし、部下に話させ成長させる

4 指示命令ではなぜダメなのか

上司の「指示命令で部下は動く」と考えている方は多いと思います。実際、指示命令でうまく部下を動かした成功体験を持つ方も多いでしょう。

では、その部下はいつもあなたの意図通りに動いてくれたでしょうか。「何度言っても同じ間違いをする」「この前同じことを言ったのに。何度言ってもわからない」こういう悩みを持ったことはないでしょうか。

なぜ、部下は何度言っても指示通りに動かないのでしょう。その理由は、部下の行動があなたの意思であって部下自身の意思ではないからです。

人は自分でやると決めたことしか行動（継続）しません。ですから、「ああしろ」「こうしろ」という指示命令に応えるかたちの行動は、決して長続きしません。そこで、上司は

指示命令では部下は意図どおりに動かない

部下が自分で決めて自分で動ける状況（環境）を作る必要があります。

加えて、人が最も意欲をなくすのが「やらされる」こと、つまり「強制」です。強制は仕事をつまらないものにしますし、仕事をつまらないと感じている部下から自発性は生まれません。

コーチングでは、「指示命令」を「提案」に変え、相手に決定権を渡します。それによって、指示命令の弊害を減らすことができます。上司と部下には「命令側と受命側」という役割ができてしまいがちです。そこで、「自分で決めて自分で動いている」という状況を創り出すためには、意図的なコミュニケーション、つまりコーチングが必要なのです。

5 部下とどんな状態のシーソーに乗っているか

○コーチングのスタンス〈同じ高さになる〉

あなたと部下の関係をシーソーに例えてみます。あなたと部下はどんな状態のシーソーに乗っていますか。傾きはどうなっていますか。傾いているならどちらが上でどちらが下ですか。

コーチングは、質問や受け止め（聴き方）のスキルを身につけるだけではうまくいきません。あなたと部下との関係性はもっと大切なのです。

「あいつは俺よりできない」「彼女は後輩」「あの人はダメ」「あいつはまだ新人だから」そういう意識はないでしょうか。自分が上で相手が下と思ってはいませんか？　そういった意識があると、どんなコミュニケーションを試みても相手は伸びないし、やる気も

●コーチングに必要なスタンス

出てこないでしょう。

コーチングを活用して「○○さんはどうしたら良いと思う?」と質問するとき、もし「あなたが上、部下が下」というシーソーに乗っていたらどうなるでしょう。

「どう答えるかちょっと見てやろうじゃないか」(評価)

「どうせ大した答えは返ってこないだろう」(見下し)

「突っ込みを入れてやるとビビるだろうな」(いじめ)

あなたの質問はこんなメッセージとして伝わってしまいます。こんなメッセージを受け取った部下は、潜在意識を探るどころではありません。「良い評価を得る答えをしなければ」「見下されたりいじめられたりしないような答えをしなければ」と防御の態勢に入ります。もちろん、部下を伸ばすことなどできなくなるでしょう。

部下を伸ばすためには、シーソーの両辺が同じ高さである状態、つまり「同じ人間として尊重する気持ち」が必要です。「認め、信じるスタンス」がなければ部下が伸びることはないでしょう。

6 横に並んで一緒にゴールを目指す

「上司は鬼にならなければならない」という考え方があります。確かに、上司であるが故にリーダーシップを発揮しなければならない場面も多く、時には部下と対決することが必要になります。

しかし、常にそんな状態では部下にとって上司は「敵」になってしまいます。敵に対しては防御が必要ですから、いつも身を固くしていなければなりません。そんな状態で部下が成長することはまずないでしょう。

あなたと部下は、時には毅然と向き合わなければならないこともありますが、スタンスは常に「味方」でなければなりません。上司と部下は同じ方向に向かい、ゴールを目指し併走することが必要なのです。これはまさにマラソンの伴走者のイメージです。あなたが部下を従えて引っ張るのではありません。

前節でシーソーの例を出しましたが、シーソーであなたと部下が向き合って座っていてはいけません。2人とも横座りし同じ方向を見つめながら釣り合っている。それがコーチングの基本姿勢です。

あなたの役割は、部下を従わせることでも、部下をコントロールすることでもありません。部下が自分の力を発揮して共通の目的を達成するのを横で見守り、サポートしていくことなのです。

そもそも、部下が成長して成果をあげることは部下だけの目標ではなく、あなたや支店全体の目標でもあるのです。ただ「頑張れ」と言われるのより「一緒に頑張ろう」と言われる方が、部下は勇気づけられ挑戦する気持ちになるはずです。この「部下と一緒にゴールを目指す」というスタンスを常に意識しておきたいものです。

部下とただ向き合っているだけでも、従えて進んでもダメ。
部下と並走し、一緒にゴールを目指さなくてはならない。

7 答えは部下の中にある

部下に何か問題が起こったとき、あなたはこのように考えていないでしょうか。

「私がしっかり教えてやらなければ」「あいつには言わないとわからない」

本当にそうなのでしょうか。「教えてやらなければ」できなくて、「言わないと」わからないのでしょうか。

左のマンガを見て下さい。

部下が自分で反省してこうすればよかったと思っているとき、あなたにあれこれ言われてしまうとどうなるでしょう。あなたに対する反発心が湧き、信頼関係が壊れていくでしょう。

コーチングでは「答えは相手が持っている」と考えます。知識の範疇《はんちゅう》に入るものは別として、「どうすればよいのか」「どうすればよかったのか」という問いに対する答えは、本人がわかっているケースが多いからです。あなたの仕事はその答えを引き出してあげることです。

そうやって導かれた解決策は、実行される確率が高いはずです。なぜなら、部下が自分自身で考え口にしたことだからです。また、あなたが解決策を尋ねてくれたということで、上司に信頼されているという自信にもつながります、失敗が成長へのステップとなるのです。

申し訳ございません
書類に印鑑を頂くのを
忘れてしまいました
これからはきちんと
チェックリストを
作って確認しよう
フー…
カチャ
ダメだなーお前　何で
チェックリストで漏れ
を確認しないんだよ
今　そう思って
いたところです
お前は
素直じゃない！

8 コーチングがやる気を引き出す秘密

○やる気は自己実現欲求とリンクする

コーチングはやる気を引き出すと言われます。ここでは、そのメカニズムを探ってみましょう。

そもそも「やる気」とは何でしょうか。それは心理学上の自己実現欲求のことをいいます。具体的には、「何かを達成したい」「もっと良くしたい」「もっと成長したい」というような気持ちのことです。したがって、やる気を引き出すというのは、部下がこの自己実現欲求を満たそうとする心理状態にすることです。

○コーチングが満たすのは

左の図を見てください。米国の心理学者アブラハム・H・マズロー（1908―197

●マズローの欲求5段階説

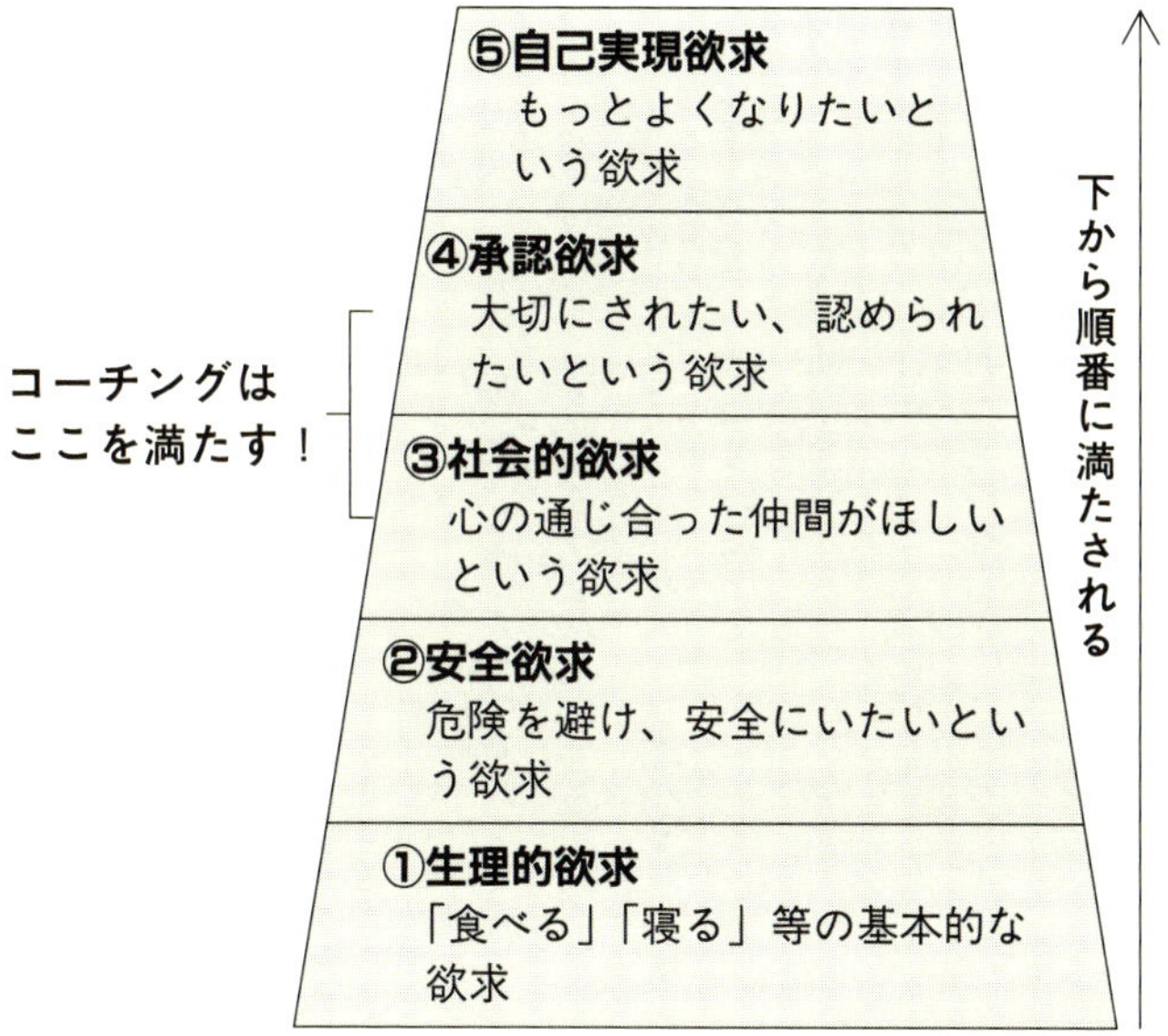
⑤自己実現欲求
もっとよくなりたいという欲求
④承認欲求
大切にされたい、認められたいという欲求
③社会的欲求
心の通じ合った仲間がほしいという欲求
②安全欲求
危険を避け、安全にいたいという欲求
①生理的欲求
「食べる」「寝る」等の基本的な欲求
コーチングはここを満たす！
下から順番に満たされる

0）が唱えた「欲求5段階説」です。この説では、「人間の欲求には5段階あり、それを①から⑤の順に満たそうとする」ことを示しています。

部下が、「もっと頑張ろう」という「やる気」を出している状態になるためには、部下が「自己実現欲求を満たそう」という段階にある必要があります。その段階にあるというのは、その下の4階層の欲求が満たされている状態です。その中の一つの欲求でも欠けていると、やる気が出ないということになります。

現代社会では、①生理的欲求と②安全欲求は満たされていると思いますが、職場で意外と満たされていないのが③社会的欲求と④承認欲求です。孤独感があったり（社会的欲求が満たされていない）、自尊心を大切にされていない（承認欲求が満たされていない）状態では、⑤自己実現欲求を満たそうとはしないのです。

コーチングにはその③社会的欲求と④承認欲求を満たす効果があります。したがって、職場にコーチングが浸透することで、上司と部下との関係がよくなるだけでなく、職員全体が4つの階層の欲求を満たし、「やる気」になることができます。このようにコーチングが「やる気」を引き出すことは、心理学的にも根拠があるのです。

9 コーチングは一過性のブームではない

「コーチング？　いまブームですよね」そんな言葉を時々耳にします。しかし、コーチングは一過性のブームでもなければ、新しく開発された手法でもありません。

これらは昔からリーダーに必要とされていた「手法や心構え」とされるものです。そして、いつの時代も優れたリーダーが使ってきた方法なのです。

「やってみせ、言って聞かせて、させてみて、誉めてやらねば、人は動かじ」の格言で有名な山本五十六元帥は、第二次世界大戦当時、人に対する洞察力が優れていたリーダーとして知られています。この言葉は「率先垂範」がいかに大切であるかという例えに使われることが多いのですが、これにはコーチングの大切な要素も含まれています。「誉めてやらねば」はまさにコーチングのスキルにあたりますし、「させてみて」の中にも、部下に対する信頼が感じられます。

素晴らしいリーダーとして語られている松下幸之助氏は「人はみなダイヤモンドの原石のようなもの」と言っています。部下には無限の可能性があるとも言っています。部下を本当に信頼している松下幸之助氏の下で多くの部下が育ち、企業も成長していきました。これもコーチングが機能する背景にある大切な要素です。

その他にも多くの政治家や企業のリーダーが、部下の気持ちをつかみ成長させてきています。

部下を信じて認めるということはリーダーの基本要件です。優れたリーダーは「コーチング」という理論が広まる前に、すでにコーチングを実行しているのです。読者の皆さんが出会った「素晴らしい上司」は、何らかの形でコーチングを実践してきているはずですし、皆さんの多くはすでに日常的にコーチングを行っているはずです。そして、皆さんご自身もコーチングを体験しているはずなのです。

NG②

こんな一言が部下のやる気をなくす

- 「私の背中を見て育て！」
- 「私の若い頃は…」

　両方とも部下の反発を招く言葉、そして考え方です。世の中の変化が激しく、年代によって価値観が全く異なる現代は、上司の若い頃は「大昔」ととらえられ、真似はしてもらえません。

　上司は伝えるべきところは伝えるという臨機応変なコミュニケーションを取る必要があるのです。これらの言葉は、説得力を持つどころか、逆に部下の信頼を失いかねません。

①
プンッ
プンッ
課長って花好きなのね
そうね
②
上野課長どうぞ
はい支店長
③
何で自分でやろうとしないんだ！
私の背中を見て育て！
と言っているだろう！
④
私の若い頃は…
言ってくれなきゃわからないわ
ヒソ
ヒソ
ヒソ
ヒソ
考え方が古いわよ！

第2章

コーチングが機能する環境づくり

1 コーチング、使えばいいというものではない

○スキルだけ使ってもコーチングは機能しない

私は多くの企業でコーチングを紹介していますが、後日紹介した企業から「マネジメントに取り入れることで『部下が自分から提案をしてきた』『元気のない部下がやる気になった』」という話を伺うことがあります。

一方、「使ってみたが部下には全く変化がない」「ほめてみたがかえって嫌な顔をされた」というような話も多くあります。

コーチングは「話し方」や「言い方」でもなければ、「部下を思い通りに動かす手法」でもなく、あくまでも「コミュニケーションの手法」です。ですから、ここでは「何を言うか」「部下をどう動かすか」ではなく、「どのようにコミュニケーションを取るか」であ

るということをまず理解してください。

あなたの「コミュニケーション」には歴史があります。ここでいう歴史とは、「あなたと部下がこれまでどのようなコミュニケーションを取ってきたか」ということです。このことがコーチングが機能するかどうかに大きく影響します。

すでに信頼できる上司部下の関係ができているなら、部下はあなたにほめられて「嬉しい」と感じるでしょう。しかし、もしできていないと、せっかくのほめ言葉は「裏がある」「嫌み」と受け取られ、信頼関係を壊してしまうケースもあるのです。

「質問」もこれと同じです。これまで人の話を聞かずに自分の考えを押しつけていた上司が、いきなり「どう思う?」と尋ねても部下に不審がられるだけでしょう。

まずあなた自身が、今までコーチング的なコミュニケーションをどの程度取ってきたか(コーチング度)を点検することが必要です。その上であなたと部下との信頼関係を確認し、見直すことから始めましょう。一歩一歩ゆっくり変化させていけばよいのです。

1．あなたのコーチング度は？

□仕事ができない部下は「ダメな部下」と見る
□部下をほめたことがない
□部下は叱って育てる
□指示命令をする時は部下の話など聴く必要はない
□誕生日など職場で話題に出すものではない
□名前を忘れている部下がいる
□部下のヘアスタイルが変わっていることに気づいても何も言わない
□銀行は下から上へものを言う組織ではないと考えている
□未熟な若手が考えることなど、ろくなことはないと思う
□問題のある職員は一人で大人しくしていて欲しいと思う
□全員の部下と会話をするなど不可能だ
□検印は部下から頼んでくるものだ

チェックの数が

0個・・・・・	コーチング度100%　すでにコーチングを実施しています。
1～3個・・・	コーチング度70%　かなりコーチングを実施していますが、もっと意識して取り入れるとよいでしょう。
4～6個・・・	コーチング度50%　部下は元気をなくすことがあるかもしれません。
7～9個・・・	コーチング度30%　あなたと部下との信頼関係は大丈夫でしょうか。
10個以上・・・	コーチング度10%以下　あなたのもとでは部下は育ちにくいでしょう。部下のじっと耐えている様子が目に浮かびます。

2．あなたのコミュニケーションをチェック！

□部下の話をよくきいている
□「〜しろ！」という指示命令形よりも「どうしたらいいかな？」「〜してみたらどうだろうか？」という相談型の方が多い
□部下に挨拶をされなくても自分から挨拶をする
□部下の席には自分から出向いていって話しかけている
□面談などでは自分が話すより部下に問いかけている
□部下の良いところを見つけたら必ずほめている
□部下に「ありがとう」をよく言っている
□反対意見や異なる意見を部下から言われても、まず言い分に耳を傾けている
□失敗して落ち込んでいる部下を励ましたり元気づけたりする
□「そうだよね」「そうなんだ」というあいづちが多い

チェックの数が

9個以上・・・・・	すでにコーチングの土壌はできています。コーチングを導入しても抵抗感はないはずです
6〜8個・・・・・	コーチングをすると少し「あれ？」と思われるかもしれませんがスムーズな導入は可能です。
3〜5個・・・・・	コーチングを行うと、違和感を持たれるかもしれません。焦らず試してみましょう。
2個以下・・・・・	コーチングを行うことを難しく感じるかもしれません。部下も驚くかもしれません。でも、諦めずひとつひとつ導入してみましょう。

2 あなたの本心は見抜かれている

あなたが部下に対して感じていることは部下に伝わっています。こう書くとドキッとする人がいるかもしれません。

誰にでも相性の善し悪しはありますから、「苦手だな」と思っている人は少なからずいます。そんな時「その相手からも苦手だと思われているような気がする」と感じたことはありませんか？

人間のセンサーはとても敏感です。相手が自分に対してどのような感情を持っているか、は大抵伝わるものです。直接「あなたのことが苦手です」と言わなくても、ちょっとした振る舞いや声のトーンなどで確実に伝わるのです（これについては第3章と第4章で説明します）。

そして、相手の「苦手」という気持ちを受け取ると、イヤな感情が湧いてきてコミュニケーションがスムーズに取れなくなり、自分からも相手に対して同じ気持ちを発信するようになってしまいます。「苦手意識」のでき上がりです。

あなたと部下の関係でも同じです。あなたが苦手と感じている部下は、あなたのことを同じように感じています。あなたが部下を人として尊敬しているか、ダメな奴だと見下しているか、といった感情もそのまま部下に伝わっています。

そんな状況では、どんなコーチングスキルを使っても部下は成長しません。スキルだけで人を動かすのは不可能なのです。

あなたがまず部下のことを人として尊敬する、そして部下の可能性を心から信じることなしにコーチングは機能しません。そのためには、まず上司であるあなたが好き嫌いという感情に惑わされず、客観的に部下の長所を見つけようとする姿勢が大切です。

3 部下への期待が成長の原点

前項で、あなたが部下に感じていることは部下に伝わるということを書きました。これは「期待」も同じです。部下はあなたに期待されているのかいないのかを正確に感じ取ります。

○ピグマリオン効果

教育心理学者のローゼンタールは、「無作為に選んだ子の名をあげ『Aという生徒はIQが高くて優秀である』という情報を教師に伝えたところ、その生徒の成績が伸びた」という実験結果を得ました。つまり、「この生徒は伸びる」という教師の期待が生徒のやる気を刺激し、その結果生徒の成績が伸びたというわけです。この現象はギリシャ神話*にちなみ、「ピグマリオン効果」と呼ばれています。

あなたの期待は部下のやる気につながる

「あいつはどうなってもいい」「別に仕事をしてくれなくてもいい」と思われてやる気が出る人はいないでしょう。「上司が期待してくれている」からこそ、頑張る気持ちが湧いてくるのではないでしょうか。

まず「部下にこうなって欲しい」と期待の気持ちを持つことが、部下の成長を助けることになるのです。

時々、自分で何かやろうとしている部下に、親切のつもりで「いいよ、私がやるよ」と言って、自ら仕事を抱え込んでしまう「めんどり型上司」を見かけます。一見問題はなさそうに思えますが、これでは上司の期待が伝わりません。あなたが部下にチャレンジの場を与え、「期待している」「任せている」というメッセージを伝えることが大切なのです。

＊ギリシャ神話に登場する若き王「ピグマリオン」が大理石の美女に恋をし、その想いを真剣に念じ続けた結果、神によって美女に生命が与えられたというもの。この教えは「現状を否定的に決めつけず、常に理想とする姿に信念を持って進み続ければ、やがて予想をしなかったような良い成果が得られ、理想は現実のものとなる」ということを意味している。

4 「ダメな部下」と決めているのは誰か

部下を見下していては伸ばすことはできないということはすでに述べました。しかし、そろそろ「ダメな部下に期待なんかできるか！」という声が聞こえてきそうです。

しかしちょっと待ってください。「ダメな部下」は誰が作っているのでしょう。誰が決めているのでしょう。それは他ならぬ「あなた」なのではないでしょうか。

そして、あなたは何を基準に「ダメ」と決めているのでしょうか。

「いつも手際が悪い」「いつも要領がよくない」といった理由が頭に浮かんできませんか。

では、お尋ねします。本当に「いつも」なのでしょうか？

「そう言われると、『いつも』というわけではないんだけどね」というお答えではないでしょうか。

では質問を変えましょう。「その部下のことを好きですか？」「好き」と答える方は少ないのではないでしょうか。

つまり、ここで言いたいのはこういうことです。誰にでも必ず長所、短所はあります。相性の良い人の良いところは見つけやすいものですが、相性の悪い人の良いところは見つけにくく、逆に悪いところが目につきやすいものなのです。そして更に悪いことにそのイメージはどんどん増幅していきます。

部下はもともと上司より情報も経験も少ないのです。あなたの期待通りに動ける部下ばかりではありません。

そんな部下をあなたがかわいいと思えるかどうか、良いところが必ずあると信じてあげられるかどうかが育成の成否につながります。

●気に入っている部下と気に入っていない部下の長所・短所を書き出してみよう

		長所	短所
気に入っている	「A　」さん	○明るい ○やる気がある ○意思決定が速い	○事務ミスが多い ○ ○
気に入っていない	「B　」さん	○間違いが少ない ○ ○	○ひかえ目でおとなしい ○暗い印象 ○事務のスピードが遅い

気に入っているAさんの長所、気に入っていないBさんの短所は書きやすく、逆にAさんの短所、Bさんの長所は書きにくいものです。

AさんBさんとも長所を同じ数だけ書き出せるのが望ましい状態です。

5 自信は成長の原動力

○自信をいかにつけさせるか

能力発揮と密接な関係にあるのが「自信」です。「できる」「できた」という気持ちがあってこそ、次のステップにチャレンジできますし、ステップアップもできるのです。

自信は成功体験によって生まれます。「できた」という体験は大脳にインプットされ、次に同じような状況を経験した場合にその記憶を蘇らせます。すると、自律神経に指令を出して身体全体を良い状態にもっていってくれます。

逆に、「できなかった」失敗体験も同じように大脳に刻み込まれています。この場合も、同じような状況を経験した場合にその記憶を蘇らせます。しかし、この場合は成功体験とは異なり、身体が強張る、動悸がする、息が荒くなる…といった悪い状態を引き起こしま

●自信とやる気のサイクル

す。これでは、その人の良さが発揮されにくくなってしまいます。

上司であるあなたの役割は「部下に自信をつけさせる」つまり「部下にたくさん成功体験を作らせる」ということです。また、そのための援助を惜しんではなりません。たとえば、「顧客訪問に同行してやり方を見せる」「実際にやらせてみる」そして「ほめる」というプロセスは、部下にとっての成功体験となるのです。

成功体験があれば部下は自信を持ち、どんどん育っていきます。

ある金融機関の営業職員の育成をお手伝いしたときのことです。この研修は、成功体験により自信をつけさせることを目的としていました。少し難しいことにチャレンジさせ、成功するように関係者全員でサポートする。そして、成果があがったら全員でほめる。そんなことを一定期間続けました。

すると、1年足らずでほぼ全員が自信を持って営業要員として活躍できるようになりました。当初はセールスもおぼつかなかった職員が、投資信託や年金保険の販売目標を担うまでに成長しました。

まさに「自信」は成長の原動力だと言えましょう。

6 オープンハートが信頼のスタート

「どうも付き合いにくい」「何を考えているのかわからない」そんな部下はいないでしょうか。前述したように、人間誰しも相性の善し悪しがありますが、この場合、相性よりもコミュニケーション不足により信頼関係が構築されていないケースも多いのです。

75頁の図を見てください。これは「ジョハリの窓」と言われているもので、１９５５年サンフランシスコ州立大学のジョセフ・ルフトとハリー・インガムという2人の心理学者により提唱された、人には4つの心の窓（自分も他人も知っている窓（開放の窓「O」）、自分は知っているが他人は知らない窓（隠された窓「H」）、自分は知らないが他人は知っている窓（盲目の窓「B」）、自分も他人も知らない窓（暗黒の窓「D」））があるという説です。人間関係をよくするためには、「開放の窓」（O）を広げ、あなたがどんな人なのかということを他人も知っている状態を作ってゆくことが必要だとされています。
つまり、部下に対しては、まずあなたが「私はこんな人なんだよ」と自己開示（オープンハート）をして、あなたから近づく努力をしてみることが必要です。

・「どうだ？」と一言声をかける。

・挨拶＋一言　（例）おはよう。風邪の具合はどうだ？

このようなちょっとした声かけが、コミュニケーションのスタートになります。

・検印を待っているのではなく、出向いて押印してあげる。

・何か困っているのではないかと思ったら声をかけ、その場でミニミーティング。

これらも実際に部下のところに自分から歩み寄っていくだけでなく、コミュニケーションを始めることが大切です。

あなたが積極的に自分からアプローチすることで、部下はあなたの人となりを感じ取ることができます。そうすれば、部下も徐々に心の窓を開いていくものです。

まず、自らがオープンハートを意識して部下に向き合っていくことが、信頼関係への第一歩となります。

●ジョハリの窓

他人から

自分が	知られている部分	知られていない部分
知っている部分	Open　O	Hidden　H
知らない部分	Blind　B	Dark　D

☆人間関係を良くするためには自己開示をして、Oを広げましょう

7 部下のモデルになっているか

○あなたのbeingは部下にそのまま伝わる

「部下をやる気にさせるには？」「部下が自主的に動くようになるためには？」などの相談を受けることがあります。そんな時、私はその方々に「ご自身はやる気満々で仕事をしていますか？」「自ら考え自ら動くという仕事の仕方をしていますか？」と問いかけてみることにしています。

すると大方の人から「『やる気』ねえ…」「やるべきことはやっているけど『自主性』と言われると…」などの答えが返ってきます。

上司がやる気や自主性を持っていないのに、部下にそれを要求しても応えるはずがありません。なぜなら、部下は常に上司を見ており、上司の仕事に対する姿勢を敏感に感じ取

●部下に望むことを書き出してみよう

誰に	何を	あなた自身は？
Aさん	指示待ちではなく、自主的な働きかけをして欲しい	○
Bさん	人に訊くばかりでなく、自分で学んで欲しい	△
Cさん	会議の時、積極的に提案があっていいはず	○
Dさん	できる目標を掲げるのではなく、チャレンジしてほしい	△

※「あなた自身は？」の項目には「○」「△」「×」で記入する

るからです。やる気のない上司に部下が尊敬の念を抱くことや、何かを期待することはないでしょう。そんな状態でコーチングを使っても、信頼関係が生まれるはずもないのです。

逆に「自分はやる気がないくせに…」という反発の気持ちから、信頼関係が壊れてしまうかもしれないのです。

この本を読んでコーチングを取り入れると、部下とのコミュニケーションは密接になる反面、あなたのbeing（在り方）は部下にすぐ伝わってしまいます。そのため、あなたは常に部下のモデルであると意識しなければいけません。

部下を本気で育成しようと思ったとき、まずあなた自身のbeingを確認してみる必要があるでしょう。

8 忍耐と余裕、あなたにありますか

コーチング研修の際に、管理職の皆さんからこんな話を聞くことがあります。

「部下に問いかけている時間などない」

「問いかけるどころか部下と話す時間がない」

「部下に考えさせてやらせるより、指示した方が早い」

「部下にやらせても、もう一度やり直させなければならない」

金融機関の管理職に余裕としての「時間」はほとんどありません。そこで、時間を使わず部下を育成する方法は？　部下を速く育成するには？　という質問を受けることがありますが、残念ながら決め手はないのです。

しかし、だからといって一方通行の指示命令ばかりを続けていたら、部下は指示待ち人間になってしまい育成できません。

人が成長するにはある程度の時間が必要です。あなた自身も管理職になるまでに時間がかかっているはずです。

コーチングは、すぐに部下が伸びる魔法の杖ではありません。あなたと部下との人間関係に、地道にそして少しずつ取り入れていき、じわじわと効果を与えるものです。人間関係を変化させ、部下が変わるには継続が必要なのです。

「でも、本当に時間がないんです」という声も聞こえてきそうです。ですが、時間を作り出すかどうかはあなた次第です。部下に問いかけるのに何分かかりますか？　あなたには責任があるだけでなく、その時間をつくり出す能力も備わっているはずです。部下を伸ばす上司には忍耐と余裕が必要だと理解してください。

9 部下の育った時代を知っていますか

「呑みに誘っても断られる」「用事があるからと支店内の行事に参加しない」「やり方を見せてもちっとも覚えない」「やるべき仕事をやらないので私がやっている」「普通なら自分がやると言い出すのに」「今の若い人の考えていることはわからない」

こんな悩みをお持ちではないでしょうか？

「自分が若かったときは上司に誘われたら呑みに行ったものだ」と考える人は少なくありません。実際、付き合いの中で部下が学ぶことは多かったことでしょう。その良さを知っているからこそ、部下にも伝えたいのにそれを拒否されるのは残念に感じるのだと思います。

ここで考えてみましょう。あなたの部下は、いつ生まれてどのように育ったのでしょうか。

●入社年代による考え方の違い

1991年以前に入社	景気上昇期、バブル期のよき時代の恩恵を受けている。金融機関に就職し、真面目に働けば一生安泰と考えて就職。現在の厳しい環境に対応できる者とできない者とに分かれる。
1992年〜1998年入社	バブル崩壊後、いきなり世間の厳しさを味わい苦労している年代。自分が何をしたいか、きちんと考えて就職したというより、とにかく就職しなければという意識だった。現在、本当にこれでよかったのか、これからどうしようかと迷いながら働いていることも多い。
1999年以降入社	大手金融機関の破綻（1997年）を見ている。もう組織には頼れないと知っている世代。自分に価値をつけようとコツコツ勉強している。職場の付き合いよりも、それ以外の人脈作りや勉強、リラクゼーションなどを優先する。

あなたの部下はバブル崩壊の時はまだ子供だったのかもしれません。とすると、バブル時の活気や崩壊後との違いを経験することなく、ずっと不景気な世の中で育っています。そうなると、人生観や価値観など何もかもが全く違うということも考えられるのです。

上図を見てください。部下の子供時代を想像してみるだけでも、価値観の違いを受け入れることができるかもしれません。

決して「呑みニケーション」が悪いというわけではありません。ただ「呑みニケーション」に頼ってはいけないのです。職場でのコミュニケーションを充実させ、職場内で課題を解決することを基本原則とすべきではないでしょうか。

NG③ こんな一言が部下のやる気をなくす

・「～しかできていないのか！」
・「なぜできなかったんだ！」

よく見かけるシーンです。部下が目標を達成できず、上司はかなりお怒りのご様子ですが、この後はどうなるでしょう。

前者は「できていないこと」つまりマイナスを指摘する発言、後者は「過去否定質問」です。評価者である上司にこれを言われると、部下の言い訳を引き出してしまいます。

言い訳では部下は育ちそうにありません。

①
塚田くん、今期の調子はどうだ？
はい?!
②
一生懸命回っていますが未達です
そうか…
③
どのくらい取れてる？
2件です
④
まだ2件しか取れていないのか！なぜできなかったんだ！
他の仕事で忙しくて…

第3章

さっそく使ってみよう！コーチングの技〈初級編〉

1 コーチング実践の前に…
──周囲の否定的な反応にもたじろがずに続けよう

企業がコーチングを導入する目的は、社員の能力発揮と収益力の強化にあります。しかし、あなたがコーチングを使えばすぐに目的に達することができる、というものではありません。

この目的に到達するためには、次のようなプロセスが必要です。

あなたがコーチングを使うと、まず部下は「何かヘンだな？」と感じるはずです。もしかしたら反応は良くないかもしれません。しかし、そこで諦めてはダメです。うまくいくときもいかないときもあるでしょう。しかし、とにかく継続することが大切です。

部下が、あなたとコミュニケーションを取ることによって心地よさ、うれしさを感じ、やる気が出たとします。すると部下自身も使い始めることでしょう。さらに部下が使うことで、部下の周りの人がやはり心地よさを覚えて使う、といった連鎖が生まれます。結果として徐々に周囲のコミュニケーションの取り方が変わっていき、組織全体が変わっていきます。その頃には何らかの成果が現れているはずです。

組織にコーチングが広まっていくには長い時間がかかります。ですから、「ちょっとやってみたけれどどうまくいかない」とやめてしまっては意味がないのです。部下の反応がなくても、周りに変だと思われても、まずあなたが使い続けることでコーチングの効果を得ることができるのです。

最初は少しずつで構いません。もしあなたが、今までガミガミと口うるさく言っていたなら、まず質問型コミュニケーション、つまり問いかけをしてみましょう。「あれ?」「どうしたんだろう?」そんな反応が返ってきたらしめたもの。そのまま使ってみて下さい。

コミュニケーションスタイルを変えることで、あなたのパーソナリティが変化するといっても過言ではありません。とにかく、まずやってみる、そして続けてみましょう。

2 コーチングの基盤「聴く」

2−1 まずは部下の話を「聴いて」みよう

○「聞く」と「聴く」

部下の話をきいていますか？　と質問すると、多くの上司が「きいている」と答えます。一方、部下に「上司はあなたの話をきいてくれていますか？」と尋ねるとほとんどが「きいてくれていない」と答えます。なぜそんなことが起こるのでしょうか。

「きく」には「聞く」と「聴く」があります。「聞く」は音が耳に入っている状態、英語で言うとhearにあたります。一方「聴く」は音だけでなくその背景や意味などを把握す

聞く（hear）…音として耳に入っている

聴く（listen）…耳と心を傾けてきく

るべく、耳と心を傾けている状態です。英語ではlistenとなります。

上司と部下という上下関係がある中では、部下は上司にはものを言いにくいものです。また金融機関の風土は、下は上からの指示にきちんと従うという暗黙のルールが深く浸透していますので、部下にいくら「言いたいことは言うように」「意見を出して」と言ってもなかなかその通りにはなりません。

ですから、あなたがただ部下の「言葉」だけを聞くのではなく「言葉の背景」まで心で聴き取ることが必要になります。言い換えると、部下が何を考えているのか、感じているのかに、気を配りながら話を聴くということです。

では「聴く」ことによって何が生まれるのでしょうか。

人は自分の話をきちんと聴いてくれることを好みます。なぜならばそれによって「自分を大切にしてくれる」と感じるからです。途中で話を遮られたり、上の空で話を聞かれたりしたことで、相手に対する信頼感がなくなったり、相手を好きになれなかったりした経験は誰しもあるでしょう。

上司と部下の信頼関係は、チームのパフォーマンスをあげるためには必須です。まず「聴く」ことから始めましょう。

2―2 3分間リスニングができますか

あいづちだけで3分間相手の話を聴くことができますか？

コーチングの研修では、参加者にこの「3分間リスニング」を経験してもらっています。「ただ3分間相手の話を聴いていればいいの？」と思うかもしれません。しかし、3分間という時間は話し手にとっては短いのですが、聴き手にとっては実に長く感じます。というのは、聴き手に「話したい」という気持ちが湧いてくるからです。

話し手と同じような経験をしていると、「私も同じことがあってね…」とつい話したくなりますし、意見や感想があれば言いたくなります。また、好奇心から質問をしたくなることもあります。そんな気持ちを抑えて聴かなければなりません。

研修の時、最初から相手の話に3分間本当に集中できるという人はほとんどいません。途中で我慢できなくなり、相手の話をさえぎって話し手になってしまうこともあります。人の話を「聴く」ことは、簡単なようで意外と難しいのです。

これが実際の上司と部下だったらどうなるでしょうか。

「話したい」気持ちを抑えて最後まで聴こう

そもそも部下は上司より経験が少ないわけです。部下が悩んでいることは、あなたがすでに悩んで解決してきたことかもしれません。また、悩みの前に仕事の姿勢が問題と感じるかもしれません。すると、部下が話し始めるとすぐに、あなたは「どうすればいいか」話したくなるでしょう。

そこで部下の話をさえぎってしまうというのがよくあるケースです。「そんな時はこうすればいいんだよ」とアドバイザーになり、とうとう自分の経験を語り始めてしまいます。これでは、部下の話を聴いているとはいえません。

部下は、あなたのアドバイスについて

すでにわかっていて、もっと他のことを相談したかったのかもしれないし、もっと後に大事なことを話そうとしていたのかもしれません。あなたが話の主導権を途中で奪い取ってしまったことで、部下には不満足感だけが残ります。さらに、「この人は話を聴いてくれない人」というイメージが部下に強くインプットされ、大切なことも話さなくなってしまいます。そうなると、部下とはコミュニケーションが取れなくなり、信頼関係も構築しづらくなることでしょう。

上司であるあなたがまずやるべきことは、部下の話を最後まで聴ききることです。その後に必要なアドバイスや意見を伝えても遅くはありません。これが「聴く」ことの基本です。

まず相手の話に集中し、最後まで聴くことから始めましょう。

2－3

「表情とうなずき」で安心させる

「この人といると、ついたくさん話してしまう」

そんな経験はないでしょうか。話し手を心地よくさせ、予定していなかったことまで話させてしまう、そういう人は「聴き上手」と言われます。

人は相手が自分の話をきちんと聴いてくれないと、話す気持ちが失せてしまうものです。話をしている最中に「一生懸命聴いていますよ」という聴き手の反応が欲しいのです。

コーチングは、部下に話させることが基本です。つまりあなたの役割は、部下に対して「君の話をよく聴いている」という反応を示し、たくさん話してもらうことにあります。

そのためには、まずその姿勢を見せなければなりません。それが左ページにある「聴き上手になるコツ」です。これはコミュニケーションの基本とも言われていますが、コーチングスキルでもあります。

その中でも大切なのが「表情とうなずき」です。ここでアメリカの心理学者アルバートメラビアンが唱えた「メラビアンの法則」を紹介します。この説はコミュニケーションに

●聴き上手になるコツ

・うなずく
・話の内容に表情を合わせる
・返事をする、あいづちを打つ
・目をそらさない
・相手の言ったことを繰り返す
・意見を言う
・質問する
・最後まで聴く

おいて、言葉そのもの（バーバルコミュニケーション）が占めている割合は7％にすぎず、むしろそれ以外（ノンバーバルコミュニケーション）の声の調子（38％）表情・動作・態度など（55％）で成り立っているというものです。

つまり、「聴いていますよ」ということを一番伝えやすいのは表情なのです。

ですから、部下の話に共感し表情を合わせる、大きくうなずくという効果は非常に大きなものです。まずは、部下の話をよく聴き、あいづちを打ちながら、ゆっくりとうなずいてみましょう。

そうしているうちにあなたの表情もやわらかくなってくるものです。他に特別な反応がなくても、最低この二つさえあれば部下は安心し、話しやすいと感じてくれるでしょう。

2−4

「あいづち」で部下の気持ちをつかむ

○あいづちの効果

前項の「表情」と「うなずき」にぜひ加えたいのが「あいづち」です。これは「あなたの話を聴いていますよ」という最も基本的な反応です。

具体的には「ふーん」「そうですね」「そうなんですか」「なるほど」「へぇー」「ほぉー」といった反応です。表情とうなずきだけでも、人はかなり「聴いてくれている」と感じますが、やはり言葉の反応も欲しいものです。

言葉の反応であるあいづちには、ただ「聴いている」という反応だけではなく「どのように感じているか」という気持ちが自然に込められています。

「ふーん」→「そんなこともあるのか」と初めて知った。聞き流している。

「そうですね」→「そうだなあ…」と疑問を感じながら聞いている。

「確かにそうだ」→納得して聞いている。

「そうなんですか」→「そんなことは知らなかったな」という驚き。

●良いあいづち

1. 顔を相手にきちんと向けて集中する
2. ながら聞きはしない
3. 同じあいづちを打ち続けるのではなくバリエーションを持たせる

「なるほど」「へぇー」「ほぉー」→納得。驚き。

つまり、あなたが部下の言葉をいろいろなあいづちで返すことによって、あなたの部下に対する気持ちや発言そのものに対する気持ちが伝わるわけです。

○良いあいづち、悪いあいづち

これはズバリ、「聴いているよ」という気持ちで打っているかいないかです。あいづちは「聞いていなくても聞いているフリ」つまり、ごまかしがききます。

夫婦間で、奥さんが一生懸命話しているのに、ご主人が「ふーん」というあいづちを打ちながら新聞やテレビを見ている。そのため「夫は私の話を全然聴いてくれていない」と奥さんが夫に不満を持つということは、多くの家庭に見られる光景です。

いくらあいづちを打たれていても、聴いているかいないかはわかります。上図にあげたことに気をつけ、良いあいづちを打つことで部下の気持ちをつかみたいものです。

2—5

「オウム返し」はプロの技

コーチングには、相手の言ったことを相手に返す「リフレイン」という反応の仕方があります。これによって「よく聴いているよ」「よくわかったよ」と相手に伝えることができるのです。

その中で一番やり易いものが、そのまま言葉を繰り返す「オウム返し」です。これは文字通り相手の言葉をそのまま繰り返すという方法です。

部　下「〜ということがあって心配なんです」

あなた「〜ということがあって心配なんだね」

部　下「うまくいきました」

あなた「うまくいったんだね」

部　下「実は…社長に断られました」

あなた「断られたんだね」

部下が一生懸命言っていること、つまり言いたいことや言わなければならないと思って

「オウム返し」をすると、部下は聴き取ってもらえたと感じる

いることはきちんと受け止めて、背景にある気持ちも共有したいものです。ここは大事と思ったら、その言葉をそのまま繰り返します。すると相手は、大事なことをあなたに聴き取ってもらえたと感じます。

それをせずにいきなり他の言葉を返してしまうと、タイミングによっては、「大事なことをわかってくれていないのだろうか」「非難されるのではないだろうか」と感じてしまうこともあるのです。

相手の言葉を繰り返して言葉や気持ちを深く受け止めましょう。これが信頼の第一歩となります。

この「オウム返し」はコーチやカウンセラーなどのプロの技でもあります。両者とも、相手の言うことをきちんと受け止める（聴く）ためにこの技をよく使っているのです。

もし、やりにくいと感じるようでしたら、まずは世間話に取り入れてみるとよいでしょう。

「いい天気ですね」→「ほんと、いい天気だね」
「これ美味しいですね」→「そうだね、美味しいね」

いかがでしょうか？　これなら簡単にできると思いませんか。

2－6 「内容の要約」が部下をうならせる

今度は「リフレイン」の2つ目の方法を紹介します。これは「オウム返し」を少し変形させたもので、内容を要約して伝えます。

部　下「お客様が来店されるとセールスしてみるんですが、どうしてもうまくいかないんです」

あなた「セールスに少しつまづいているんだね」

部　下「パートさんにも可能性のあるお客様を案内するように何度も言っているのですが、全くやってくれないんです」

あなた「パートさんの育成がうまくいっていないんだね」

こんな感じです。これにはあなたの解釈が言葉に加わります。「あなたが部下の言葉をどのように理解したか」が部下に伝わるのです。

ですから、部下の言いたいことを正しく受け取り、返している場合と、違う受け取り方をしてしまっている場合が出てきます。それでも構いません。

なぜなら、この要約をするためには、真剣に部下の言うことを聴いていなければならないからです。つまり、要約をすること自体が、部下に「聴いてくれている」「理解しようとしてくれている」という安心感を与えます。

また、部下自身、内容が整理できていない状態であなたに話している場合もあります。そんなときに、あなたの要約を耳にすると、「私の言いたいのはコレだったんだ」とハッとしたり、新たな視点に気づくこともあります。

こういうことがあると、あなたと部下との距離はぐっと近づくことになります。それだけでなく、あなたに対して「さすがだ」という尊敬の気持ちが芽生えることもあるでしょう。

万一、受け取り方が違ってもいいのです。部下が「そうではなくて…」ともう一度説明することができ、コミュニケーションの量が増えます。その意味でも、この「要約」を取り入れてみる価値は大いにあるでしょう。

仕事も忙しいし 家事や勉強もしなければならなくて寝不足なんです
それで ミスも多くなって…
つまり、ワークライフ※バランスが問題なんだね

※仕事と生活のバランスのこと

そうそう！そうなんです！

「要約」は部下に「聴いてくれている」という安心感を与える

2―7

「感情の要約」が部下の心を打つ

ここでは、リフレインの3つ目の手法、「感情の要約」を取り上げます。相手が自分の感情面について話したときに、とても効果があるのがこの方法です。

①部下「一生懸命やっているのに全然うまくいかないんです。皆の目も気になるし、僕はダメな人間だなとも思います」→あなた「頑張っているのにうまくいかなくて自信を失ってしまっているんだね」

②部下「パートさんと先輩との板挟みになってしまって本当に大変なんです。勝手にしろって思っちゃいますよ」→あなた「イヤになってしまってるんだね」

ここでは、相手の感情をまとめて返してあげます。2―5の「オウム返し」で説明した、相手の言葉をそのまま繰り返す方法とはそこが違います。

前項の事実の要約と同じように、あなたの解釈が加わります。①で、上司は「自信を失ってしまっているんだね」と要約していますが、本当に部下がそうなのかどうかはわかりません。「ダメな人間だな」と口では言っていても、それほど自信を失ってはいないかもしれません。

つまり、これも当たる場合とはずれる場合があります。ぴったりと当たった場合、部下は心を打たれることでしょう。さらに「私のことをそんなによくわかってくれたんだ」と嬉しく感じることでしょう。

「心で聴いて心で返す」ように心がけよう

もしはずれてしまっても構いません。「そこまで心を寄り添わせて話を聴いてくれているんだな」という気持ちが生まれるからです。

感情の要約をするためには、話を十分に聴き込む、相手の立場になって聴く、ということが必要となります。耳で聴くというよりも「心で聴いて心で返す」と言ってもよいかもしれません。じっくりと話を聴いて、部下の心を打つ感情の要約に挑戦してみましょう。

3 コーチングの主軸「質問」

3－1 「質問」が潜在意識を刺激する

コーチングでは、本人が日頃気づいていない潜在意識下にあるやる気、自発性、判断などを表層化させます。それらを直接刺激するのが「質問」です。

金融機関には、上司の「ああしろ、こうしろ」という指示・命令に従う慣習があります。また、法令・規定やマニュアルの遵守というルールもあります。そのため、職員のタイプも自分の意見を述べる人より、大人しく言うことを聞く人が多いのです。

金融という仕事の性格上、致し方ないことではありますが、100パーセントそういう風土になってしまうと、自分でどうすべきかを考えない指示待ち人間が増えるという弊害も出てきます。

しかし、この問題点を「質問」で改善することができるのです。

質問には二つの効果があります。一つ目は、潜在意識下にある答えを見つけさせてくれることです。あなたが良い質問をすると部下は考えます。

指示を求めてきた部下に対して「どうしたらいいと思う？」と質問してみましょう。すると、部下は何を答えようかと考えます。第1章で触れたとおり、潜在意識（記憶、体験など）に自分で問いかけて答えを出そうとします。そして思いついた答えを話しながら、潜在意識に問いかけ続けます。そこで、「やろう」という気持ちが出てくることもあるし、「そうだ、こうすればいいんだ」という答えが出てくることもあります。

二つ目の効果は、部下が上司に信頼されている、期待されていると感じることです。上司が質問してくれるというのは「部下が何かしらの答えを出すと思ってくれている」「自分の答えを聞きたいと思ってくれている」というメッセージとして部下に伝わります。確かに信頼や尊敬している相手には、人は自然に質問しています。

質問は部下を強力に成長させる手法と言っていいでしょう。

3－2

「クローズな質問」と「オープンな質問」

①「○○社、社長と会えたか？」

②「○○社、どうだった？」

この二つの質問は一見似ていますが、よく考えると違います。

①の質問をされると、部下は「Ｙｅｓ」「Ｎｏ」で答えることになります。具体的には、「はい、会えました」または「いいえ、会えませんでした」となります。このまま会話が終わっても不自然ではありません。これを「クローズな質問」と言います。

しかし、②の質問をされたらどうでしょうか。当然「Ｙｅｓ」「Ｎｏ」では会話は成立しません。「社長には会えて今後の事業プランも聞けたのですが…実はどうもしっくりこないことがあるのです」こんな答えが返ってくるかもしれません。この答えを聞くと、部下は何か問題を抱えていそうな感じがします。

これに対し、あなたが「どんなところがしっくりこないの？」「それはなぜ？」と質問を続ければ、○○社の事業内容のどこに問題があるのか、どこに注意をして案件を進めていけばよいか、というように、部下は自分の考えを話しやすくなるでしょう。そしてそういったことを上司に話す中で、部下はいろいろなことを勉強して育っていきます。

このような、相手が答えるためにたくさんの言葉を必要とする質問、「Yes」「No」以外の言葉で答えなければならない質問を「オープンな質問」と言います。

①の質問だけをしていたのでは、問題点や解決策などを話し合えないかもしれません。「部下は何を訊いても『はい』『いいえ』しか言わない」とお悩みのあなた、クローズな質問ばかりしていませんか？　『はい』『いいえ』としか答えられない質問を投げかけてばかりではありませんか？

「部下が何を考えているのかわからない」「部下と会話が続かない」というあなたも、もしかしたらその原因は、クローズな質問中心のあなたの問いかけ方にあるのかもしれません。

3−3

「オープンな質問」がコーチングの第一歩

「オープンな質問」とは前項で説明したように、「どんな?」「どんな風に?」「どのような?」「どう思う(考える)?」「どんなことが?」「何が?」「どこで?」「いつ?」などの5W1Hで始まる、相手が自分の言葉でたくさん話しやすい質問のことを言います。

こういった質問が入ると、日頃の会話がぐっとコーチングらしくなります。

しかし、私たち日本人の日常会話では、この「オープンな質問」より「クローズな質問」の方が使われがちなので、いくら「オープンな質問」を部下とのコミュニケーションに取り入れようと思っても、なかなかできにくいのです。

ですから、いきなり仕事に関わる面談などで試そうとせず、まずは世間話の中でオープンな質問を取り入れてみるとよいでしょう。たとえば、次のような感じです。

「着任して1週間たったけれど仕事には慣れた?」→「着任して1週間たったけれど仕事はどうかな?」

「夏休みはゆっくりできた?」→「夏休みはどうだった?」

オープンな質問が入ると日頃の会話はぐっとコーチングらしくなる

「引っ越しの準備はできた？」→「引っ越しの準備はどう？　どのくらい進んだの？」「お子さんの風邪よくなった？」→「お子さんの具合はその後どうなの？」

いかがでしょうか。こんな日常会話ならできるよ、そう思われる方も多いのではないでしょうか。

そして、「オープンな質問」とともに気をつけるのが「聴き方」です。この章の2節で述べたことを一つずつ活かしながら質問していくと、たくさんの話を引き出すことができるでしょう。

3－4
「クローズな質問」で確認する

クローズな質問ばかりで会話を進めることは望ましくないことは前に書きました。では、クローズな質問をしてはいけないのでしょうか？　いいえ、そんなことはありません。

クローズな質問には「確認する」という役割があります。話の方向性を確認したり、部下の意図を確認したり、キーポイントを確認したりするために、クローズな質問が必要だからです。

「どんな？」「どのような？」「どんな風に？」あなたの問いかけで広がりを見せている部下の話に、あえてクローズな質問を使ってみましょう。

「この話は、○○会社の△△への事業展開についての新規融資のことでいいんだね？」

「○○さんは、この融資を実行すべきではないと思っているんだね？」

「このトラブルの原因は、今の役割分担にあるっていうことなの？」

コミュニケーションは受け手重視のため、話し手の言うことを聞き手が勝手に理解してしまうことがあります。そこで登場するのが、このクローズな質問です。

「確認」のためにクローズな質問を行う

「～という風に私は理解しているけれど、それでいいんだね？」

「今～という風に聞こえたけれど、それでいいよね？」

「あなたの言いたいことは～ということなんだよね？」

「これから話を～という方向にすすめるけれど、それでいいよね？」

こういうことを確認するのです。ただし、これはあなたの考え方を押しつけるためではありません。あくまで「確認」です。これを押さえた上で使いたいものです。

「『オープン』で会話を広げ『クローズ』で締める」というイメージで進めてみるとよいでしょう。

3−5

「ハッ！」とさせる質問の技①「視点を変える」

○視点を変える質問

ある日、部下である営業係主任のBさんが相談を持ちかけてきました。

「パートのAさんがやる気を出してくれないんです」

この支店では、ハイカウンターで見込みのありそうなお客様に声をかけ、ローカウンターに誘導してセールスするのですが、ハイカウンターのパートさんが全く声をかけてくれないらしいのです。Bさんに詳しい事情を聞くと、Aさんは『私の仕事はここまで』と決めているらしく、お客様への声かけなどもともとやる気がなさそうです。

こんな場合に使えるのが「視点を変える質問」です。

「もしあなたがAさんだったらどう思う？」と問いかけてみるのです。これは「もしあなたが〜さんだったら」と違う立場にある人の視点から考えてもらう質問です。

主任のBさんは、「そうですね…私がAさんだったら、なんでこんな安い時給でセールスしなきゃいけないの、と思うでしょうね」と答えました。

他の人の立場になって考えてみると思わぬ解決策が出てくる

そこでまた問いかけます。「じゃあ、どういう風に言われたらやってもいいと思う？」Bさんはまた考えます。「まず、声をかけてくれたら助かるのでお願いします、と言われること。そして実際声をかけたら、きちんとお礼を言ってくれることかな」

そのときBさんは気づきました。「私はAさんに『こうあるべきだ』という私の考え方を押しつけていたように思います。いつも『やって欲しい』とばかり言っていましたし、誘導してくれた時も『当然』だと思っていたので、お礼も言いませんでした。まずはAさんと話し合って、もう一度お願いしてみます。そして感謝の気持ちをきちんと伝えようと思います」

人は立場の違う人の気持ちをよく考えず、思い通りに動かそうとしがちです。相手には相手の価値観や考え方があります。ほんの少し視点を変えて相手になった自分をイメージすることで、思わぬ解決策が出てくることが多いのです。

しかし、ただ頭の中で考えていては新たな視点は生まれにくいものです。ですから、問いかけられて話すことによって、自分の身を一層相手の立場に置くことができるのです。「もしあなたが～さんだったら」という質問は、思わぬ効果を生み出すでしょう。

3－6 「ハッ！」とさせる質問の技②「具体化する」

こんなやりとりの経験はないでしょうか。

部　下「これからはもっと頑張るよう心がけます」

あなた「よし、頑張れよ」

これで本当に頑張って成果をあげられるのでしょうか。答えは「Ｎｏ」です。１００パーセントとは言いませんが、「もっと頑張るよう心がける」という曖昧な宣言が実際の行動につながる確率は、かなり低いと言っていいでしょう。

そこで、質問を使って「もっと頑張るよう心がける」という大きなかたまり（チャンク）を小さなかたまりにし、内容を「具体化」していきます。このことを「チャンクダウン」といいます。

あなた「頑張るように心がけるというのはどういうこと？」

部　下「もっと積極的にお客さんにアプローチします」

あなた「積極的なアプローチってどんなアプローチなの？」

部　下「これまでどちらかというと、一度行って感触が良くなかったところは、そのままにしてしまっていたんです。それをもう一度アプローチしてみようかと」

あなた「なるほど。では、まず何から取りかかろうか？」

部　下「まず、明日中に今まで一度訪問してそのままの先を洗い出します。そして、今週中にそれぞれの内容を検討して方法を考えます」

あなた「それはいいね。今週末に一度どんな方向で行くつもりか、聞かせてください」

このやりとりでは「頑張るよう心がける」というかたまりを「訪問した先の洗い出しと再検討」という具体的な行動にまで落とし込んでいます。部下は上司の質問に答えながら何をやるべきかを自分で決めています。部下は本当に頑張って成果を出せそうです。

部下の発言を聞いていて「はっきりしない」「あいまいだ」と感じる点があったら「それはどんなこと？」「具体的には？」と質問をしてチャンクダウンしてみましょう。あなたが明確になると同時に、部下も「ハッ！」と気づくはずです。

頑張るように心がけます
どのように？
ポン

3-7 「ハッ！」とさせる質問の技③「一般化する」

これは「チャンクダウン」の逆、小さなかたまりを大きなかたまりにする質問です。部下と話し合っていると、話が細かいところに入り込みすぎてしまい、本来の目的などの大筋を見失うことがあります。すると視野が狭くなって、アイディアも細ってしまうものです。

こんな時には、あえて大きな質問をして「一般化」させます。すると、視野が広がり別の視点からの会話ができるようになります。これを「チャンクアップ」といいます。

会話をしていて「迷路に入ってきた」「小さなことにこだわって話し続けている」「視野が狭くなってきている」と感じたら、こんな質問を投げかけてみましょう。

「もともとこの会社とはどういう意図で取引を始めたんだっけ？」

「○○さんはそもそもなぜ営業を希望しているの？」

「この会社の事業計画はどうなっているの？」

「営業課ではパートさんをどのように活用していきたいの？」

もともとは何？
そもそもなぜ？
バンザーイ

「今の話をまとめると〜ということでいいのかな？」

「君がそこまで頑張っている目的は何なのかな？」

これらのチャンクアップ質問をされると、迷路に迷い込んでいた状態から、いきなり広場に出たような感覚になります。そこで、もともと持っていた自分自身の目的や、取引初期に考えていたこと、本当に自分が言いたかったことなどを蘇らせることができるのです。

そうなると、どんどん狭くなっていた視野が一気に広がり、こだわっていた問題が小さく思えたり、別の解決策を思いついたりするのです。「そうだ、こんなことにこだわる必要はなかったんだ」と部下が自分で気づくことができます。

「もっと視野を広くして考えたらどうか」と言っても、なかなか自力では難しいものです。チャンクアップ質問は、一瞬にして視野を広げることができる質問なのです。

3－8

あなたがやっているのは「詰問」だ

日頃このような質問をしていませんか？

「そういうセールスの仕方でいいと思っているの？」

「半年もたって何で新規のひとつも取れないの？」

「前の店でどういう仕事をしてきたの？」

これらは一見「質問」のように思えます。しかし、部下の潜在意識や能力を刺激し、成長を促す質問とはどこか違います。

これらの質問からは「何でおまえはこんなにダメなんだ」という上司の気持ちが伝わってきます。また部下の思考を広げるどころか、どんどん追いつめています。上司の「〜すべき」「〜とあるべき」という価値観の枠にはめようとしているのです。

これらは「質問」ではなくて「詰問」なのです。

そこで、詰問をされた部下はどんな反応をするでしょうか。まず考えられるのは次のような反応です。

●詰問を質問に変える

「そういうセールスでいいと思っているの？」 →「今やっているセールスについて○○さんはどう思う？」

「半年もたって何で新規のひとつも取れないの？」 →「○○さん、半年新規開拓やってみてどう？」 「やってみて何か難しいと感じることはある？」 「新規を取るためにはどうしたらいいと思う？」

「前の店でどういう仕事の仕方をしてきたの？」 →「○○さん、前の店とやり方が違うところはある？」 「何かやりにくいことはある？」

「早帰りをしろと言われるから」「本部の反応が悪いから」「新人を教えなければならないから」「仕事が多すぎて」など、「人のせい」「もののせい」にしてあなたの非難や皮肉から自らを守るでしょう。

また、「私の実力がないからです」など、自分のせいにして自己防衛することもあるかもしれません。

こんな答えが返ってきたら、「詰問をしてしまった」と自覚してください。詰問されることで部下が成長することはまずないでしょう。

それどころか、人は誰しも詰問されると嫌な気持ちになりますので、信頼関係も作りにくくなってしまいます。

3－9 言い訳をされていませんか？

何か問題が起きたときは原因を分析し、再発防止に努めなければなりません。そんなとき、「なぜ～できなかったの？」と部下に質問をしてはいませんか。そして、部下に言い訳をされ、「状況を聞きたいだけなのに…」「責めているわけではないのに…」と思ったことはありませんか。

その原因は、あなたの質問の仕方にあります。質問が言い訳を呼んでいるのです。その理由は二つあります。

①否定・過去質問であること

「なぜ～できなかったの？」の後半部分「できなかったの？」は否定形と過去形をミックスした表現です。この否定・過去質問をされると「過去にできなかったこと」という傷口をえぐられるような気分になります。すると、逆にその傷を守りたいという気持ちが起こるのです。

②「人」に焦点が当たっていること

この質問で省かれている主語を入れてみましょう。すると「なぜ（あなたは）～できなかったの？」となります。部下は実際に言葉になっていない「あなたは」という問いかけを感じるのです。同じ立場の人間ならまだいいのですが、上司からこう質問されると、自分が非難されていることを強く感じます。そのため自己防衛に走り、言い訳をするようになるのです。

言い訳は、原因分析に支障を来すだけでなく、その後の再発防止のアイディアも引き出しにくくします。部下の成長のチャンスをつぶしてしまうのです。

こういう状況に陥らないためのコツは、①と②を避けることです。まず過去の質問をせず、早急に「未来・肯定」質問、つまり「どうすればよいと思う？」に切り替えることです。そして、「人」ではなく「物・事」に焦点を当てます。「何が原因だったと思う？」と質問を変えます。この質問には「あなた」という主語は入りません。あくまでも状況を客観的に見た原因分析をうながすのです。

ちょっとした表現の工夫が部下の言い訳を防ぎ、成長のツボを刺激することができるのです。

NG④
こんな一言が部下のやる気をなくす

●「いいよ、私がやるから」

研修で学んだことを実践しようとしたテラーでしたが、上司にチャンスを奪われてしまいました。

一見親切そうに聞こえるこの発言ですが、新しいことに挑戦しようとしている部下のやる気を削いでしまいます。

部下には「期待されていない」と受け取られてしまうかもしれません。

思い切って任せるということも、上司の期待を伝えることになります。

①
相続の手続きを頼みます
飯田様　この度はご愁傷様でした
②
少々お待ち下さいませ
③
いいよ　私がやるから
えっ　でも……
④
どうぞあちらのカウンターへ
……

第4章

部下を必ず伸ばすコーチングの技〈応用編〉

1 あなたは部下の心理状態をわかっているか

前章で述べた「聴く」「質問」という基本的な技に、もっと心理的なアプローチを加えることで、コーチングの効果は一層あがります。

その一つが、部下の「ノンバーバルコミュニケーション」を読み取ることです。

部下から「わかりました」「がんばります」という返事をもらったのに、仕事ぶりに全く変化がないという経験はありませんか。「あいつは口先だけだ」と部下に対する信頼を失いかけている方もいると思います。

ちょっと待ってください。これは、部下が「口先だけ」なのではなく、あなたが部下の心理状態（本音）をわかっていないからかもしれません。

「第三章の2—3「『表情とうなずき』で安心させる」（92頁参照）で、メラビアンの法則に触れましたが、人の本音は、「バーバルコミュニケーション（言葉そのもの）」にではなく「ノンバーバルコミュニケーション（言い方、表情など）」に現れます。

つまり、部下の「わかりました」「がんばります」という言葉が、本気で言っているのか、その場を丸く収めるために言っているのかは、表情や言い方によく注意を払っているとわかるものです。

「わかりました」と言っても何かひっかかるような場合は、必ずノンバーバルコミュニケーションにサインが出ています。「がんばります」も同様です。それらを感じ取ったらそのままにせず、訊ねてほしいのです。

「何か気がかりなことがあるの？」「本当にわかったように聞こえないんだけど、納得できないことが何かある？」「何か言いたいことがあるように聞こえるのだけれど…どうかな？」

上司が本音に気づいてくれたり、気持ちを理解してくれることは、部下にとって嬉しいことです。ですから、あなたがノンバーバルコミュニケーションを読み取ることは、部下を理解することのほかに信頼関係を強める効果があるのです。

●部下の本音が表れる
ノンバーバルコミュニケーションチェック

〈表情〉

□あなたの目を見ていますか？

□目に力や輝きがありますか？

□表情と言葉が一致していますか？

□緊張して表情がこわばったりしていませんか？

〈言い方〉

□きっぱりと言い切っていますか？

□口ごもりながら話していませんか？

□語尾がはっきりしていますか？

□声の大きさは適切ですか？

2 コーチングの根幹「認める」

2－1 「認める」技があなたの腕の見せどころ

一般的に「認める」という言葉はあまり使われていないようです。むしろ「あいつのことは認めない」などと否定的に使われることが多いように思います。では、コーチングでいう「認める」とはどういうことなのでしょうか。

堅い解釈だと「その人の存在をそのまま認める」という存在承認です。言い換えると「そのままのあなたを肯定的に受け取ります」つまり「相手の存在を否定しない」ということです。自分の価値観に照らして○×と評価したり、対抗しようとしたりせず、「この人はそう考えているんだ」「この人はこういう人なんだ」と、そのまま情報として吸収するという感覚です。

第1章の8「コーチングがやる気を引き出す秘密」でアブラハム・マズローの欲求5段階説について触れました（50頁参照）。そこで人がやる気を出すには、「社会的欲求」と「承認欲求」を満たされることが不可欠と書きましたが、「認める」ことによってこの2つの欲求、特に「承認欲求」を強く満たすことができるのです。

あなたが期待をすると部下がやる気を出すということは、第2章の3「部下への期待が成長の原点」（64頁参照）に書きました。「認める」ということは「期待する」にもリンクします。部下の存在を認めていなければ期待はあり得ないからです。

存在を否定されると、人はどうなるのでしょうか。他人に否定をされると、自己否定の気持ちも強まります。やる気がなくなるのはもちろんのことですが、これはメンタルな病にもつながる重大なことなのです。

日本人は「以心伝心」という言葉にあるように、相手にあまり感情を表現しないところがあります。しかし、最近は価値観の多様化やコミュニケーション力の低下、人との関わりの希薄さなどにより、お互いの気持ちをきちんと表現する必要性が高まっているのです。

そのままの君でいいよ
承認欲求ゲージ
100
50
0

さらなる成長を期待しているよ
ぐ〜ん
承認欲求ゲージ
100
50
0

2—2

「Yes」の受け止めが信頼を生み出す

「部下を認める」ことのタブーは、部下の発言をいきなり否定することです。

部　下「○○社にはレートをこのくらいで提示しようと思うのですがいかがですか？」

あなた「それはダメだ。この前も下げたじゃないか」

どこにでもありそうなやりとりです。しかし、この上司の発言には大きな問題がありま す。それは「それはダメだ」と真っ先に部下の発言を否定していることです。

部下はどうしたら融資の案件を通すことができるか、知恵を絞っています。それをいきなり否定されては、大変嫌な気持ちになります。そうなると、上司のアドバイスはもう耳に入りません。こんなやりとりでは、信頼関係は壊れる一方です。

「今日は暑いよね」→「そんなことないよ、涼しいよ」

「このラーメン美味しいね」→「えーっ、そうかなあ。まずいと思うよ」

こんな否定的な受け答えをされたら、誰でもいい気持ちはしません。もちろん部下も同じです。意見全体に同調しなければならないわけではありません。最初の受け答えを「Y

●反対意見であっても「Yes」の受け止めはできる

○	・そうだよね。確かにそういう考え方もあるよね。しかし～ ・そんなふうに考えているんだね。私の意見は少し違うんだ。 ・そうなんだ。かなり頑張ったことはよくわかるよ。しかし～
×	・確かにそういう考えもあると思うけど～（文章を続けてしまっているのできちんと受け止めていない） ・ふーん。でもね～（「ふーん」は受け止めにはならない）

es」に変えること、それがポイントなのです。

「今日は暑いよね」→「そうだね。確かに君は暑そうだな。でも僕には涼しく感じるよ」

「このラーメン美味しいね」→「そうなんだ。君は美味しいんだ。でも僕はあんまり美味しくないと思うな」

人は「Ｙｅｓ」つまり「そうだよね」というトーンで受けられると「認められた」と感じ、その後のやりとりは、単に意見が違うだけととらえるのです。

では、あなたなら上司の発言をどのように変えますか。

「なるほど。レートをそのくらい下げようと考えたんだね。しかし、私はこの前も下げて提示したことを考えると、今回もというのはまずいと思うんだ」

これなら、部下もあなたのアドバイスをきちんと聞く気持ちになりますし、お互いの信頼関係が損なわれることもないでしょう。

2－3 マイナスではなくプラスに目を向ける

○「できていないこと」ではなく「できたこと」に焦点を当てる

ある支店の営業課長は、日頃から新規担当の部下に「1日最低10社訪問して2社以上の担当者に会うように」との目標を掲げて指導していました。しかしある日、部下から「申し訳ありません。今日は6社しか訪問できませんでした。話も1社しかできていません」と報告されました。

それを聞いて課長は、「あと4社訪問して来い！」と怒りました。部下は再度出かけたものの9社しか訪問できず、担当者にも会ってもらえませんでした。そこで課長は「何をやってるんだ！　もう1社行って来い！」と追い出しました。課長の態度に部下は自信を失い、翌日から出社できなくなりました。その後体調を崩してしまい、営業の第一線には二度と復帰できませんでした。

この課長は、部下が「目標を達成していないこと」つまり、マイナスの部分にばかりこだわっています。人はマイナス面ばかり指摘されると、どんどん自信を失っていくものです。このケースでは「6社訪問したうち1社とは話ができた」という成功体験がありました。せめてこの1社に目を向けてあげたら、よかったのではないでしょうか。成功体験の方に、彼の成長のヒントがあったのかもしれないからです。

水が半分入っているコップは「半分しか入っていない」とも言えますが「半分も入っている」とも言えます。これは一見マイナスと思われることも、見方を変えればプラスにとらえられるという例えです。

部下はマイナス面ばかり指摘されると、マイナス思考や自己否定の考え方に陥っていきます。これではチャレンジする意欲がどんどん削がれ、成長の大きな妨げとなってしまいます。

目標を達成できなかった部下に、できなかった理由を追及するよりも、できた事例を分析してその部下の強みを認め、成功のパターンを見つけてアドバイスする方が、部下は自ら育ち、動く力をつけていくことができるのです。弱みを指摘して萎縮させるのではなく、まず強みを伸ばしてあげることが大切です。

2－4

部下の変化を見逃すな！

「テラーの女性が髪型を変えた」

「部下の眼鏡が変わった」

　このようなことに気づいたとき、部下に言葉で伝えていますか。

「職場は仕事をする場所であって、互いの見かけについてあれこれ言うところではない」などとお思いの方もいるでしょう。しかし、「髪を切ったのに誰も何も言ってくれない」「休日に一生懸命選んだ眼鏡なのに誰も気づいてくれない」というのは、あまりにも冷たくはありませんか。

「髪切ったね」

「眼鏡変えた？」

　こういう一言は人の承認欲求を満たしてくれます。つまり相手を認めるということでもあるのです。逆に何も言ってもらえないと、承認欲求や社会的欲求が損なわれます。自分の存在の薄さを感じてしまうのです。

休暇明けに上司にお礼を言ったら「あれ？　君いなかったっけ？」と言われたという人がいました。これでは部下に「君がいなくても全く仕事に支障がない」「君は居ても居なくてもわからない人間だ」と伝えているのと同じです。

こんな上司のもとで部下がやる気を出し、能力を発揮するのは至難の業でしょう。部下のちょっとした変化や、部下が個人的に大切にしていることを無視してはいけないのです。ある大蔵大臣（当時）が着任時に部下の名前を全員覚えていて、初対面の時から名前で声をかけたというのは有名な話です。いかに一人ひとりの部下を大切にしていたかが伝わってきます。

現在は誕生日を職場で祝う会社もありますし、部下の誕生日に社長がメールや花束を贈る会社もあります。承認欲求を満たそうといろいろと工夫しているのです。

「今日お誕生日だったね。おめでとう」このように言われて嫌がる部下はいません。部下が大切にしている個人的なことにあえて触れることは、「認める」ことでもあるのです。

このように、部下一人ひとりに丁寧に向き合っていくことがとても大切なのです。

2−5

「感謝」を忘れたら部下は動かない

あなたは部下に「ありがとう」と言っていますか？　こう問いかけると、大部分の方が「言ってるよ」と答えると思います。

筆者が外資系銀行に転職したときのことです。外銀のシステムには邦銀とは多くの違いがありましたが、上司が自分を一人の人間として大切にしてくれることには大きな感銘を受けました。

電話を取り次ぐと「ありがとう」、書類を渡すと「ありがとう」、サインをもらうために書類を差し出してもサインの後は「ありがとう」と言われるのです。

日本人ははっきり「ありがとう」と口に出すことは少ないですが、この上司（日本人）はアメリカでの生活が長かったので、欧米人が頻繁に使う「Thank you」を「ありがとう」に言い換えて口に出していたのだと思います。

邦銀では、検印をもらったり電話を取り次いで「ありがとう」と言われたことはありませんでした。「はい」「わかった」という受け答えがあればいい方で、うんともすんとも反応がないことも珍しいことではありませんでした。「仕事なのだからやって当然」と上司は思っていたでしょうし、私も同じように考えていました。

しかし、実際に「ありがとう」と言われると、不思議とその度に「やってよかった」と感じるのです。その積み重ねによって、上司と私のコミュニケーションは極めてスムーズにいきましたし、お互いの信頼関係も築かれていたと思います。もちろん仕事にも意欲的に取り組んでいました。

感謝は相手の存在そのものを認めることであり、承認欲求を満たすことにつながります。また、人は誰しも「人のために役立ちたい」とも思っています。ですから、部下のやる気を刺激するために「感謝」は必須要件なのです。

せっかくやってあげたのに感謝されないのでは、部下は動きません。ぜひとも部下に対して「ありがとう」をたくさん言ってあげてください。「どうも…」「うん…」などという曖昧な言い方ではなく、はっきりと「ありがとう」と。

部下の反応は必ず変わることでしょう。

3 コーチングを強化する「ほめる」

3－1 「認める＋ほめる」でやる気を10倍にする

これまで紹介してきた「認める」を継続することで、部下のやる気を引き出すことはできます。そのやる気を10倍にするのが「ほめる」です。

金融機関の管理職研修で「最近部下をほめていますか？」と聞くと、ほんの数名の手しか上がりません。まれに誰も手を上げる人がいないこともあります。

「では、最近上司にほめられましたか？」と聞くと、ほぼ手を上げる人はゼロです。日本の企業、特に金融機関には「ほめる」風習があまりないようです。

しかし、実はこの「ほめる」で、成長に必要な二つの要素を提供することができるのです。まず部下が「人から認められている」という承認欲求を満たせるということ、そして、「自信」を得られるということです。つまり、自分に対する承認と達成感を得ることができるのです。

成功体験は部下に自信を与え、次にチャレンジする勇気を与えます。うまくいったことや部下の良さをほめてあげることで、その体験がしっかりと根付き、効果を発揮するのです。これが、「認める＋ほめる」が部下のやる気を10倍にする理由です。

「直接ほめるのは照れくさい」「ほめても逆に嫌みやお世辞と取られるのではないだろうか」といった不安の声もよく耳にします。大丈夫です。ただし、これにはちょっとしたコツがあります。

次項からは、それをご紹介します。

3－2 Ｙｏｕメッセージで強くほめる

「ほめる」という言葉を聞くと、まず思い浮かぶのは、

「○○さん、今のセールスよかったよ」

「△△さんの説明ってすごくわかりやすいね」

といった「あなたは〜ですね」という言い方ではないでしょうか。これは「あなた」つまり「Ｙｏｕ」が主語となっていることから、「Ｙｏｕメッセージ」と言われます。


これはとても強いメッセージのため、ほめられると嬉しい一方、恥ずかしかったり、謙遜してしまうこともあります。あまりにストレートな表現のため、言う側も照れくさかったりします。

「ほめる」でやる気を出させるためには、まず部下にそれを受け止めてもらわなければなりません。つまり「ほめられて嬉しい」ととらえてもらえればよいのです。しかし、あなたから部下へのＹｏｕメッセージは「評価」として受け取られますので、次のことに注意しなければなりません。

●Youメッセージの特徴

インパクト	言いやすさ	受け取られ方	リスク	使用上の留意点
強い	言いにくい	評価	大	部下との信頼関係の有無、部下の自己評価との一致不一致

①あなたと部下との間に信頼関係があるどうか
「この人が言うことには嘘がない」とあなたが部下に思われているかどうかがポイントです。信頼関係がないと、「あなたには言われなくない」「お世辞ではないのか」「何か裏があるのでは」などと思われ、自信をつけるどころではありません。
②部下自身が内容に同意できるかどうか
自分は「太っている」と確信している人に、いくら「君はスマートだね」と言っても、まず受け入れてはくれないでしょう。ですから、仕事で大きなミスをして落ち込んでいる部下に、いくら「○○さんはできる人だね」と言っても無駄なのです。ほんのわずかでもそう思っているのであれば、受け入れられるでしょうが、「同情されている」と感じると、かえって自信を失ってしまうことにもなりかねません。

このYouメッセージはリスクはあるけれど、当たれば効果的な、「ハイリスク・ハイリターン」のほめ方なのです。

3－3
Iメッセージで確実にほめる

Iメッセージとは、「私は○○さんが～と思う」という「私」つまり「I」を主語にしたメッセージです。

「私は○○さんが交渉上手だと思います」

「私は△△さんの書く稟議書は的確で上手だと感じています」

このような言い方になります。Youメッセージが「○○さんは…」という「評価」の意味合いを持つのに対し、こちらは「情報」です。

つまり、Youメッセージのような、上司と部下の間の信頼関係や、本人がどう思っているかは全く関係ありません。あくまでも主語である人（私）がどう思ったかということを、ひとつの情報として伝えているだけなのです。

この情報には、Youメッセージのような強さやインパクトがないため、ヒットした（受け入れられた）としても、部下は嬉しがってくれないかもしれません。しかし、この効果は時間をかけてじわじわと現れてきます。

●Ｉメッセージの特徴

インパクト	言いやすさ	受け取られ方	リスク	使用上の留意点
弱い	言いやすい	情報	小	特になし

「ふーん、課長も同じように思っているんだな。課長はわかってくれていたんだ」

もし本人が意外に思う内容であったとしても、Ｙｏｕメッセージのように拒否するのではなく、「私はダメだと思っているけれど、課長はいいと思ってくれていたんだ」と客観的意見として受け入れられるのです。

これらは後日ふと思い出されることで、自信をつける手助けをします。また、信頼関係が壊れるというリスクもありません。

筆者が銀行に勤めていたとき、自信を失っていた時期がありました。しかし、当時の上司から「前田さんは必ず頑張って結果を出す人だと思っているんだよ」と言われました。この一言はそのときだけでなく、その後の課題に立ち向かう場面で、大きな支えになったことを記憶しています。

Ｉメッセージはメッセージよりも口に出しやすいものです。まずは、安全確実なＩメッセージを使ってみてもよいでしょう。

3−4 「私ってなかなかだな」と思わせるWeメッセージ

これはIメッセージの変形版です。「私たち」を主語にしているのでWeメッセージと言います。

「○○さんがここまでやってくれるから、私たちはとても助かっているんだよ」

「△△さんが声かけをしてくれるから、数字が伸びていると私たちは思っているんだよ」

「□□さんが転勤してきてからチームワークがよくなったと、私たちは思っているんだよ」

Iメッセージはあくまでも一人が感じている情報ですが、こちらは複数の人の感じ方となります。「情報」である面はIメッセージと同じですが、主語が集団になるので承認欲求が強く満たされ、より一層効果が高まります。

人にはもともと「誰かに喜んでもらいたい」「人の役に立ちたい」という欲求があります。ですから、Weメッセージでほめられると、たくさんの人の役に立つことができたという喜びとともに、自分の存在感に気づきます。これはとても大きな承認です。

weメッセージが存在感を意識させる

そんな喜びを感じた部下はもっとみんなの役に立ちたいと感じるでしょうし、大きな自信にもつながるはずです。自主的な提案や行動などが起こるケースもあります。

昨今の金融機関の現場では、自分の存在意義を感じられずに自信を失っている職員が大勢いるようです。

「私ってなかなかだな」と部下が少し鼻高々になるくらい、認めてほめ、自信をつけてあげたいものです。

3－5

ほめっぱなしになっていませんか

上司はＹｏｕメッセージ、Ｉメッセージ、Ｗｅメッセージなどを使って部下をほめてあげるだけでいいかというと、決してそうではありません。注意してほしいのは、そのときの部下の反応です。

ほめる目的は、それを受け取った部下の承認欲求を満たし、やる気を出させるということです。ですから、部下があなたのほめ言葉をきちんと受け取ってくれているかどうかを、必ず見極めなければなりません。

ここでよく注意しなければならないのが、表情などのノンバーバルコミュニケーション（92頁、94頁参照）です。

あなたがほめたとき、部下はどんな表情をしていますか？　笑顔になっていますか？　笑顔になっていなくても目が笑っていますか？　目線はどこにありますか？　嫌そうな顔、不審そうな表情をしていませんか？

Ｙｏｕメッセージでほめ、少しでも「部下がきちんと受け取っていない」と感じたら、表現をＩメッセージやＷｅメッセージに変えて再度伝える必要があります。

「山田さん、よく頑張っているね」（Ｙｏｕメッセージ）

←（表情がくもっている）

「私は山田さんがよく頑張っていると思うよ」（Ｉメッセージ）

←（まだすっきりしていない様子）

「山田さんがよく頑張ってくれるから私たちは嬉しいよ」（Ｗｅメッセージ）

このように、部下に伝えなければならない大切なことは、言葉を言い換えてでも受け取ってもらえるまで伝えてください。部下の心をつかむには、ひとつひとつ丁寧で慎重なコミュニケーションが必要なのです。

4 コーチングをキリッと締める「メッセージの伝え方」

4―1 叱るのではなく率直に伝える

コーチングの研修で、よく「部下を叱ってはいけないのでしょうか」という質問を受けます。そのときは「大いに叱っていただいて構いません。ただし、部下との信頼関係ができてからにしてください」と答えます。

仕事の場面では、言うべきことは言わなければなりません。常にコーチングスキルを使って問いかけるばかりでは、変化の激しい現代のスピードにはついていけません。

シドニーとアテネオリンピックに出場した全日本シンクロナイズドスイミングチームの

女性コーチは、練習のときに選手を厳しく叱っています。しかし、このコーチと選手が強い信頼関係で結びついているであろうことは、見ていてわかります。

このように、すでに微動だにしない関係ができている状況において、叱ることは大いに効き目があります。叱ることでやる気を引き出しているのです。

「ほめる」で紹介したIメッセージは叱る時にも役に立ちます。Iメッセージはほめる時には「安全確実」でしたが、叱る時も同じです。

「おまえは…」という「Youメッセージ」で叱ると、強烈な評価メッセージが伝わります。責められている、自分の人格を否定されていると受け取られると、部下は身を守ろうとします。そうなると、部下はもう冷静ではいられません。

「○○君、対応まずいよ！」（自分はやはりダメなんだ）→「○○君がお客様にした対応はまずいと思う」（課長はまずいと思っているんだ。どこがいけなかったんだろう）

まだ信頼関係に不安がある場合や、叱ることで自信を失ってしまいそうな部下には、Iメッセージを使うとよいでしょう。できる限り部下が自己否定を引き起こさないようにするためには、安全確実なIメッセージが役立ちます。伝えるべきことを率直かつ確実に伝えることが、部下の建設的な反省を促し伸ばすのです。

4－2 命令を提案に変えてみる

「部下が指示待ちで困る」こんな悩みを時々耳にします。しかし、ちょっと待って下さい。「指示待ち部下」を育てたのは誰でしょうか。

仕事上、指示命令は必要です。「今すぐ行ってこい！」「早くやれ！」こういった直接的な指示が、ときには有効に働くこともあります。

しかし、彼らは指示命令によって動くことが好きなわけではありません。実は、部下が指示待ちの場合は上司にも責任があることが多いのです。上司が指示命令ばかりしていると、部下は自然と指示待ちになってしまうからです。

部下の自主性を育てるためには、指示の仕方を工夫し、「ああしろ」「こうしろ」という命令型ではなく、「～したらどうだろうか」という提案型にしていくのです。

「今期は人員が二人減るので、窓口と後方との連携が必要となります。後方の○○さんと△△さんにも窓口に出てもらいますからよろしく」

これでは、名指しされた二人とも「無理矢理窓口に出された」と感じてしまいます。

●指示命令と提案の効用

	即効性	継続性	自発性	成長の促進
指示命令	○	×	×	△
提案	△	○	◎	◎

「今期は人員が二人減るので、窓口と後方の連携が必要となります。そこで、提案として今まで後方専担だった○○さんと△△さんにも窓口に出てもらいたいと思いますがどうでしょうか？」

これだといかがでしょう。○○さんと△△さんはまず考えることができます。自分の意見も言えますし、他にもっとよいアイディアがあれば話すことも可能です。

もし、ここですぐに「わかりました」という答えが返ってきたときは、要注意。「強制された」という気持ちが残るかもしれません。その場合は、「それで何か問題はありませんか？」「気になることは？」と尋ね、あくまでも自分の判断で引き受けるという図式を保つようにするとよいでしょう。

ただし、提案にすると、部下の意見が返ってきますので、それを肯定的に受け取り活かす力が求められます。この提案と次に紹介するフィードバック・アドバイスで、一方的な指示命令を少なくすることが、部下の能力を伸ばす近道です。

4－3 フィードバックとアドバイスで成長を加速させる

居酒屋などで、上司が部下に蕩々と「説教」をしている姿をよく見かけます。自分の信念を押しつけたり、昔話に酔っている場面にも遭遇します。上司は、部下の役に立つ話をしているつもりでしょうが、部下にとってはありがた迷惑というケースも多いのではないでしょうか。

確かに経験豊富な上司、先輩の話や意見は、部下にとって大変貴重なものです。しかし、いかんせん伝え方がまずいのです。ここで利用したいのが「フィードバック」や「アドバイス」の技法です。

「フィードバック」とは、あなたが部下や部下の行動について感じた（ている）ことを伝えることです。そして、「アドバイス」とは助言のことです。

どちらも、これまでに何度も説明した「Ｉメッセージ」で伝えます。

「私は○○さんが去年の今頃と比べると周りを見て動けるようになったと感じているんだよ」（フィードバック）

「あんなに怒っているお客様をよく納得させたなと驚いているんだよ」（フィードバック）
「私は、○○さんはもう少し多角的に分析して稟議書を書くといいと思うよ」（アドバイス）
「私は、○○さんがコレと思ったお客様には、もっと突っ込んでセールスしてみたらいいんじゃないかと思っているよ」（アドバイス）

これらの言葉を受け入れるかどうかの選択肢は部下にありますので、上下関係を意識させられる「説教」とは違います。また、コーチングのスタンス（相手を信頼する）も保たれています。

そして、昔話をするときは、「私も以前同じようなことがあったのだけど、話してもいいかな？」と尋ねてみるとよいでしょう。

部下は、あなたからもらうフィードバックやアドバイスにより、「ほめる」のと同じくらいやる気や成長のツボを刺激されますし、具体的に何をすればよいのかという貴重な参考情報にもなるのです。つまり、これらは部下の成長をぐーんとスピードアップさせるものであると言ってよいでしょう。

コラムその①

「大切にされている」がやる気を引き出した

私が欧州系銀行のディーリングルームに勤務していたのは、バブル崩壊直後の数年間のこと。初めて出会った成果主義の人事制度の中で悪戦苦闘の毎日でした。それでも、適性に合った仕事ではなかったにもかかわらず、毎日やる気だけは人一倍ありました。そして働くことを楽しんでいました。

今振り返ると、職場にコーチングが自然に浸透していたことが大きな要因だったのだと思います。職場には欧米人よりも日本人の方が多かったのですが、欧米的な風土で「ほめる」「ありがとう」がいつも職場内を飛び交っていました。

第4章の六節にも書きましたが、私の直属の上司はほめ上手で感謝上手。どんなときにも必ず良いところを見つけて、一言ほめてくれます。そしてささいなことに対しても、必ず「ありがとう」と言うのです。そのため毎日が非常に心地よく、頑張ろうという気持ちで仕事に臨んでいました。

ある時、本社のCEO（最高経営責任者）が来日し、国内のお客様を集めた大きなパーティーに300人ほどの社員が手伝いに駆り出されました。お客様をお迎えし、必要に応じてCEOに紹介したり、料理や飲み物をすすめる役目でした。

そしてパーティー終了後、全員壁際に並ぶように伝えられました。何が始まるのかと思ったら、CEOが一人ひとりの社員に声をかけ始めたのでした。私は驚きました。なぜなら、それまでにも邦銀で同じような機会が何度もあったのですが、トップは私たちには目もくれず役員室に引き揚げてしまうのが通例でした。

CEOは私に、「今日はありがとう。助かったよ。君、名前は何て言うの？　何を担当しているの？　仕事はどう？　困ったことはない？」と問いかけてきました。私は「大丈夫です。楽しくやっています」と拙い英語で答えるのが精一杯でしたが、こういうトップがいてくれる会社なんだという喜びを感じていました。後で同僚に聞いたら、こんなことは当たり前だとか。外資系は違うなあとびっくりしたものです。

「大切にされている」ことを実感させられ、生き生きと働いた数年間でした。

第5章

部下の個性を分析する

1 コーチングはオーダーメイド

「コーチングをやってみたのだけれどうまくいかない」という声を時々耳にします。コーチングを取り入れられないというのではなく、「部下の話をよく聴くようにしたり、質問をしたり、承認したり、といろいろやってみてはいるのだけれど、部下との関係が改善したように感じない」という悩みです。

この方は、そろそろ個別対応を考えなければならないようです。

部下とのコミュニケーションにコーチングを取り入れるときに、必ず意識してほしいことがあります。それは「部下は十人十色」であるということです。

ほめられてとびきり嬉しい部下もいれば、そんなに嬉しいと思わない部下もいます。丁寧に面倒を見てもらいたいという部下もいれば、一人で考えたいと思う部下もいます。あなたがやろうと言ったときに、すぐに「やりましょう！」と乗ってくる部下もいれば、ゆっくり考えてから決めようとする部下もいます。

人は一人ひとり皆違うのです。部下を伸ばすためには、それを自分の価値観と照らし合わせて「間違い」ととらえるのではなく、単なる「違い」と認識する必要があります。一人ひとりの部下だけでなく、あなたと部下も違うのです。自分が育てられた方法をそのまま部下にあてはめて指導しては、うまくいくはずもありません。

つまり、部下を伸ばすにはコーチングマインド（部下を信頼する・認める）を常に持ち続けつつ、コーチングスキルを部下の状態に合わせて使わなければなりません。コーチングするタイミング、ティーチング（指示命令も含む）との比率、スキルの選択など、部下一人ひとりによって全て異なってきます。やる気のツボは全員違うのです。ですから、コーチングはオーダーメイドである必要があります。

では、どのようにして一人ひとりの指導の仕方を見つければよいのでしょうか。この章では、部下の状況に合わせたコーチングができるよう、いくつかの考え方を紹介します。

2 部下は今どのステップにいるのか

部下が入社してまだ日が浅い、新しい業務や役割についたばかりなどの場合、いきなりコーチングをしてもうまくいきません。そんな状況の部下は、何をすればよいのかさえまだわからないからです。その場合はコーチングではなく、適宜ティーチング（教える、指示する）を取り入れていくことが必要です。

基本はこうです。部下が「初級者→中級者→上級者」という習得段階を進む場合、初級者にはティーチングを丁寧に行いながらコーチングの「認める、ほめる」でモチベーションを醸成し、成功体験を作らせます。

中級者には、ティーチングの比率を減らしつつ、コーチングの「認める、ほめる、フィードバック、提案」を使い、徐々に仕事を任せていきます。

上級者には、「より高い目標にチャレンジさせる」ということを意識し、コーチング中心で育成をします。

基本はこれでよいのですが、必ずしも初級者から上級者へスムーズに移行できるわけではありません。誰しも途中で壁にぶつかり、落ち込んだり自信をなくしたりするわけですが、それを放っておくとやる気自体がなくなってしまいます。

そんなときは、たとえ上級者であってもティーチングが必要な場合もありますし、「ほめて、認めて」失った自信を取り戻させることが有効な場合もあります。大切なことは、経験年数だけで判断せず、部下の現在の状態をよく見て対応することです。

3 部下のやる気と能力はどういう状態か

今度はやる気と能力を見てみましょう。

部下の能力には差があります。これには現在の職務への向き不向きが関わってきますし、もともとの潜在能力も人それぞれです。

左の図を見て下さい。

テラーを例にとって説明します。

①は能力は高いが、モチベーションが低い部下です。やればできるのに、テラー業務が好きではなかったり向いていないと思っていて、やる気を失っています。そんな部下には、能力の高さを認めつつ、モチベーションの低い原因を探る必要があります。今まで紹介したスキルで話をよく聴き、部下の気持ちを否定せずあなたの期待を伝えるとよいでしょう。

●部下の能力度とやる気度によって　コーチング手法を変える

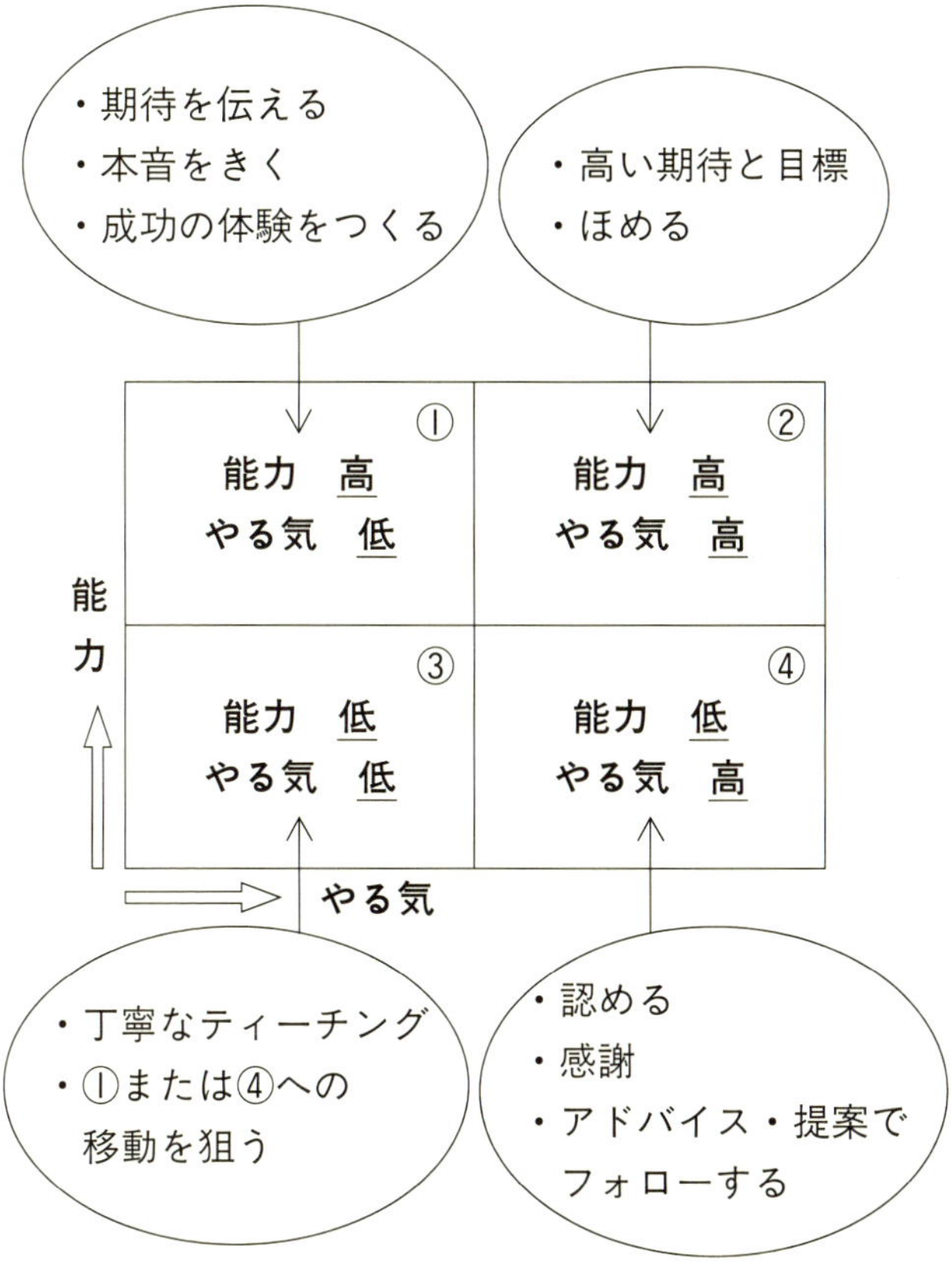
・期待を伝える
・本音をきく
・成功の体験をつくる
・高い期待と目標
・ほめる
①
能力　高
やる気　低
②
能力　高
やる気　高
③
能力　低
やる気　低
④
能力　低
やる気　高
能力
やる気
・丁寧なティーチング
・①または④への移動を狙う
・認める
・感謝
・アドバイス・提案でフォローする

とにかくやってみて成功体験を作らせることで、②に移動できるかもしれません。

②は、能力もやる気も高い部下です。生き生きとセールスして、目標もクリアしていくテラーです。この部下に対しては、成果をほめたり能力を認めながら、高い期待を伝えて高い目標を与えていくとよいでしょう。

③は、②の対極にある部下です。テラーとしての適性もなさそうでやる気もないが、人員の関係などでテラーとして配置されている場合などが考えられます。この部下にはコーチングというよりは、成功体験をひとつでも体験させるための、丁寧なティーチングが求められます。セールスの仕方を見せたり、フォローしたりして、テラー業務の面白さを体験させます。「ダメな人」と決めつけず、やる気の芽や強みを見つけてあげることで、①または④に移動させることを狙います。

④は能力は低いけれどやる気はある部下。どんどんセールスはするけれど、うまくいかない。経済や商品知識、年金などの知識も不足している。しかし、やる気はある。そういうテラーです。この部下に対しては、やる気をなくさせてはいけません。チャレンジしていることについては認め、感謝をしてやる気を維持させながら、適切なアドバイスや提案をしていくとよいでしょう。

4 部下にとって「仕事」とは何なのか

「プライベートな用事をいつも優先させる」「ちょっと風邪をひいたくらいですぐ休む」など、仕事第一でやってきた上司には理解できないのが部下の仕事に対する意識です。

昨今は、「仕事」に対する考え方が多様化しています。バブル以前のような終身雇用という考え方がなくなり、家族形態も生き方も多様化している状況では、「仕事」や「会社」に対するあなたの考え方と部下のそれとは、まず異なっていると理解してください。「仕事なのだから全力を尽くすべきだ」「職場の付き合いをもっと優先させるべき」というあなたの価値観を押しつけるのは無理なのです。

昨今では、生活のためにと働く人よりも、仕事を通じて自己実現したいと考える人や、仕事以外のやりたいことのための手段と割り切っている人が増えています。また、転職する、大学（大学院）に入る、資格取得を目指すなど、会社を途中で辞めることにもさほど抵抗はなくなってきています。

雇用のバリエーションも、正社員だけでなく、契約社員、派遣社員など増えていますし、起業も容易になっています。

これからは「部下が最高の能力を発揮させるためにはどうしたらよいか」ということに集中すべきです。それによって部下がこの仕事にやり甲斐を感じ、仕事を通じて成長してくれれば、組織にとっても必ずプラスになります。つまり、そのような部下がずっと働きたいという職場（組織）づくりをする責任が組織側にも生じるわけですから、職場（組織）にとっても成長を促す要因になるのです。

部下一人ひとりの仕事に対する価値観は違うのです。それを把握せずにあなたの価値観を押しつけようと思っても、うまくいくはずがありません。

部下の「仕事」に対するとらえ方と、あなたのとらえ方とは同じではないということを理解しなければなりません。

部下に価値観を押しつけてはいけません

5 女性部下にとっての「仕事」が何かわかっているか

男性管理職から、女性部下とのコミュニケーションがうまく取れないという話をよく聞きます。また、派遣社員やパートタイマーなどの雇用形態が増えていることから、マネジメントに戸惑う様子もうかがえます。

女性の仕事のとらえ方は様々で、「結婚するまでとりあえず働く」「子供ができるまで働く」「形態は変化しても一生働き続けたい」「キャリアを形成してずっと働き続けたい」など様々です。女性が働く率は174頁の「M字曲線」のように、年齢によって変化します。あなたの部下はこのM字を辿る人なのでしょうか、それともずっと働き続ける人なのでしょうか。

男性のように、全員が仕事を人生の中心にとらえているわけではありません。「自己実現の手段」と位置づけている人もいれば、「社会とつながっていたい、刺激を受けたい」と思っている人もいます。また、「生活のために必要」という人もいます。パートタイマーになると、「教育資金のため」「社会との接点を得るため」などの目的を持って働いている人の割合が多くなります。

このように、働く動機が異なる女性部下に対して、上司が自分の価値観だけで接してもうまくいくはずはありません。「仕事なのだから…」「職員としてあるべき姿は…」「自分の時間を使ってでも勉強すべき」などという押しつけは、女性部下のやる気をなくしていきます。

一方、既婚の職員はワークライフバランス（仕事と家庭生活のバランス）の維持に悩みを抱えています。一人ひとりの業務負担が増加する昨今、疲れ切っている既婚女性職員を多く見かけるようになりました。

金融機関（営業店）にとって、女性は大切な戦力です。商品やサービスが多様化する中、女性が能力を発揮して大きな成果をあげている金融機関や営業店も多くあります。女性部下が何のために働いているのかを知ること、そして何を得られればやり甲斐を感じて、最高のパフォーマンスを発揮してくれるのかを把握することが、育成のポイントとなります。

●働く女性の数はどのように変化するか

〈M字曲線〉

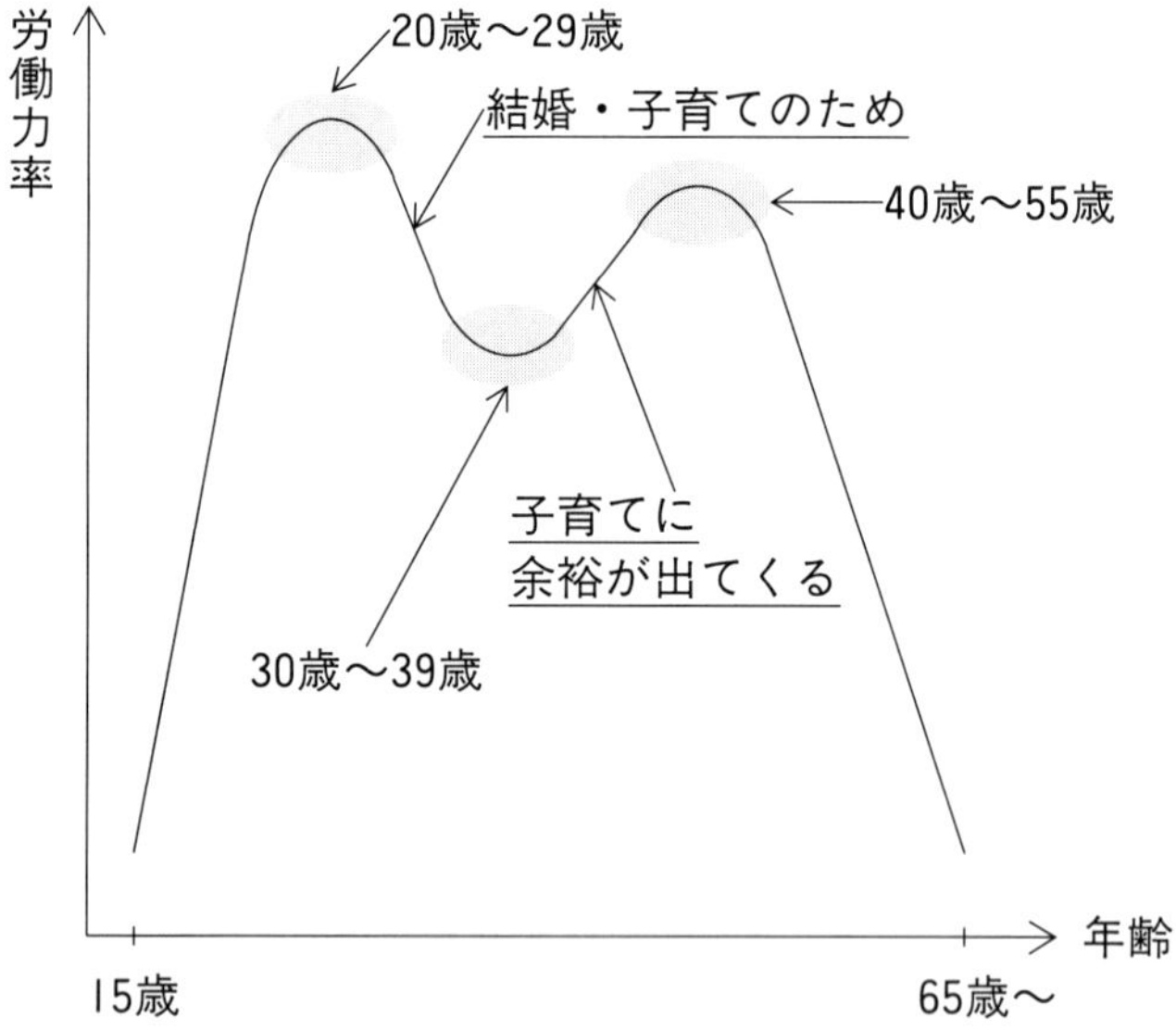
労働力率
20歳〜29歳
結婚・子育てのため
40歳〜55歳
子育てに
余裕が出てくる
30歳〜39歳
年齢
15歳
65歳〜

6 部下の行動から4つのタイプに分けてみる

6―1 DiSCとは

人をタイプ分けする理論は数多くあります。一番ポピュラーなものは「血液型」ですが、性格心理学や人間学を基にしている「エニアグラム」、精神分析を基にした「エゴグラム」などもあり、人材育成に活用されている例もあります。

ここでは行動心理学をベースにした「DiSC理論」を紹介します。これは、アメリカの心理学者ウィリアム・ムーマーストン博士（1893―1947）が1920年代に提唱した理論を元にしたもので、人の行動傾向を「D（主導）」「i（感化）」「S（安定）」「C（慎重）」の4つの行動スタイルに分類したものです。

人にはその人の内面にある欲求や動機から生ずる行動の傾向があります。例えば、会議の時、参加者にどんな人がいようとも自分の意見を堂々と主張しリードしていく人（D）もいれば、周りの雰囲気を良く保ちながら発言していく人（i）もいます。また、起こったことの原因や予測されることについて細かい分析を要求する人（C）もいれば、良い聞き手となってその場を安定させてくれる人（S）もいます。

こういう行動傾向を理解しないと、「何で会議で発言しないんだ」とか「あんな細かいことにこだわるなんてヘンだ」といった見方をしてしまいがちです。そうなると、感情に振り回されて部下との信頼関係を作りにくくなり、コーチングもうまくいきません。

また、この部下にはこういう傾向があるからここがやる気のツボではないか、という目安があると育成がやりやすいものです。ただし、この行動傾向は一人にひとつというわけではありません。「Dとi」とか「Sとi」、「CとS」といったように複数を兼ね備えているものです。ですから「自分の部下はコレ」と勝手に決めつけ、そのフィルターで全て判断してはいけません。こういった行動傾向の分類は、あくまでも、部下をより効果的にコーチングして育てていくための目安であると理解しておいてください。

●DiSC 理論の 4 つの表情

DiSC の 表 情
主導
感化
D
i
C
S
慎重
安定
©Copyright 1994 by Inscape Publishing. All rights reserved.
©HRD,Inc. Personal Profile System®

6－2

D「主導」…意思決定と行動力

・営業方法を自分で考え新しいやり方でどんどん動く
・周りが残業していても気にせずさっさと仕事を片づけて帰る
・支店長がいる会議や面談の場でも自分の意見をはっきりと言う
・数字目標があると達成に向けて全力を尽くす
・自分の基準に達しない人に対して「アホ！」「バカ！」などと抵抗なく言う

こんな部下はD「主導」が高い可能性があります。反対意見を押し切ってでも結果を求めるというのがD「主導」の行動傾向です。ですから、職場では「怖い」とか「自分勝手だ」などと思われているかもしれません。

Dの高い部下は、行動力があるうえに意思決定が速く、プレッシャーにも強い傾向があります。こういう部下には気を遣って回りくどい話をするよりも単刀直入に話をした方がいいでしょう。ですから、ほめたりフィードバックやアドバイスをするときも、Ｙｏｕメッセージを使って強く伝えた方がやる気につながります。

Dの高い人は、自分自身に対する評価が高いので自信を持っています。また、結果を重視する傾向があり、人間関係においてもプロセスより結果を求めています。

この行動傾向の人は、高い目標に向かってエネルギーを出せる人です。コーチングで本人の意向を聞き、高い目標にどんどん挑戦させることで成長していくと思われます。

●Dの特徴とアプローチ法

〈Dはこんな人〉

- 結果を直ちに求める
- 挑戦を受けて立つ
- 意思決定が速い
- 自分で仕切りたがる
- 飾りなく率直
- トラブルなどにはたじろがず進んで対処する
- コントロールされたり細かく指示されるのがイヤ
- 目的、目標がよくわからないことを嫌う

〈Dのやる気のツボ〉

- 目標を明確にする（少し高めの目標設定が望ましい）
- 成果を確認する
- 上司がコントロールするのではなく自主性を尊重する
- 細かい気遣いより率直に伝える
- 新しい案件に挑戦させる
- 期待を伝える（「○○さんだからできる」「○○さんなら必ずうまくいくと思っている」）
- ほめる時はYouメッセージ

6−3

i「感化」…社交性と楽観性

iが高い人の特徴の一つに「社交性」があります。表情が豊かで朗らかだったり、自分から話しかけて人間関係を作っていったりする部下はiが高い可能性があります。

・会議などで雰囲気を和ませるような発言をする
・お客様にも笑顔で感じよく応対する
・後輩の育成も気持ちよく引き受ける
・窓口全員で頑張ろうと呼びかける
・周りの人に明るく前向きな印象を与えムードメーカーになっている

このような部下はiが高いと思われます。iは人とのつながりを大切にし、何ごとにも楽観的で肯定的に受け止める傾向があります。

しかし、この人は一人で細かいことに取り組むのが得意ではありません。また、能動的に行動するものの、勘で動いたり、まとまりがつかなくなってしまうことがあります。会議などで話しているうちに本題から離れてしまうこともあります。それゆえ、一緒にやり方やスケジュールを明確にさせて仕事を振ることも必要でしょう。

一方、ｉが高い人は社会的評価を気にしています。ですからｉのやる気には「承認」が深く関わってきます。そこで、この部下に対してはコーチングの「認める」「ほめる」で意欲を引き出していくとよいでしょう。

ｉの特徴とアプローチ法

〈ｉはこんな人〉

・社交的
・楽観的
・感情表現が豊かで感じよい
・周りに前向きな影響を与える
・周りから認められるとやる気になる
・自由に伸び伸びと動くのが好き
・周りから無視されたり拒絶されることを恐れている
・感情に左右されて本質を見失うことがある

〈ｉのやる気のツボ〉

・認める、ほめるを忘れない
・ほめるときははっきりとほめてあげる
・Weメッセージ（「みんなの役に立っている」）は特に効果的
・考え方やアイディアを自由に話させる
・肯定的に受け止める

6－4
S「安定」…メンバーシップと持続性

SはDやiに比べて、消極的な印象を与えます。自ら何か行動を起こしたり何かを変革したりするより、慣例や周囲に合わせようとする行動傾向が強いからです。

・会議などでは自分から発言したりはしない
・変化がある仕事よりも毎日同じプロセスの仕事を好む
・仕事のやりかたを変えていこうとの呼びかけに乗ってこない
・マニュアルを作るのが得意
・自信がなさそう
・デイリーの決まった仕事をきちんとこなすことが得意

規定や規則など守らなければならないことが多い金融機関という職場は、Sの人にとって比較的居心地良い職場といえましょう。Sが高い人は職場や人の役に立ちたいという気持ちが強く、目立とうとはせずにメンバーとしての役割を地道に果たします。

「何かアイディアはない？」と聞いても反応しない部下はいませんか。また、新しい端末の導入に際して仕事の流れを変えるとき、乗り気ではなさそうな部下はいませんか。

このような部下に目標を与えてやる気を出させようと思っても、うまくいかないかもしれません。それより、小さな成果を認めてほめたり感謝したりしながら、チームの一員として大切な存在であることを伝えていくことがやる気につながります。

●Ｓの特徴とアプローチ法

〈Ｓはこんな人〉

- 個人プレーよりチームプレーが得意
- 変化より今までのやり方を継承することを好む
- 自分の価値を過小評価している
- 曖昧なゴールよりも具体的にどうやるかを大切にする
- 根気強い
- 大きな成功よりも安定を望む
- 聞き上手で、あまり反論しない
- 新規プロジェクトなど創造力が必要な仕事は苦手

〈Ｓのやる気のツボ〉

- どのようにやるかを具体的に示してあげる
- 「ありがとう」を忘れない
- きちんとできていることやじっくり取り組んでいることを認め、良さを自覚させる
- Ｉメッセージや We メッセージでほめる
- 「認める」を丁寧に
- 新しいシステムを導入するときは具体的ステップを示して安心させる

6－5

C「慎重」…分析と正確さ

・無表情で何を考えているのかわからない
・細かいことに非常にこだわる
・決算書などデータ上の矛盾に気づく
・多角的に分析した稟議書を書く
・現金や数字を徹底的に合わせる、何度もいろいろな方向からチェックする
・お客様に対して理由なく笑顔で接するのは苦手

このようにCが高いことが予想される部下は、正しくあることを大切にし、データなどの根拠を重視します。分析的に考える傾向があるため、綿密な稟議やレポートなどを作ります。また、自分にも厳しいけれど他人にも厳しいという傾向もあります。学者、研究者のような印象を周りに与えていたり、取っつきにくいと思われることもあります。

こんな部下に曖昧な指示を出したり、思いつきで指示を出したりすると大変です。根拠を追及されたり、先週と今週の指示がどのように違っているか、そしてそのためにどのよ

うな影響が出ているか反論されることもあります。いい加減さは通用しないのです。

「ほめる」「認める」はCが高い部下にも効果的ではありますが、必ず根拠を伝えることが大事です。そして、Ｙｏｕメッセージで直接的にほめるよりは、Ｉメッセージで情報としてじっくり伝えると受け取りやすいでしょう。

●Cの特徴とアプローチ法

〈Cはこんな人〉

・正確さを重視する。緻密さを求める
・法令、規定に従って正しく仕事をしようとする
・分析的でデータを重視する。理由を尋ねる
・自分や他人への要求が高く批判的
・メモを取るのが上手
・曖昧さは嫌い
・ルールが乱れている状態を嫌う

〈Cのやる気のツボ〉

・指示を出すときに理由を示す
・改善点やアドバイスを示す時には、Iメッセージで伝える。
・ほめる時はIメッセージで理由を伝える
・質問する余裕を与え、明確に答える。
・目標を与える時にも根拠を丁寧に示し、期待を伝える
・指示に一貫性を持たせる

※ DiSC理論に関しては、Inscape Publishing社が著作権を所有し、日本語版商品開発権および総販売代理権はHRD(株)が保有しています。

コラムその②

コーチングは強い営業店をつくる

この本を書くために、何人もの現役金融機関の方々のお話を伺いました。皆さんそれぞれが、部下に対し愛情を持って育成されている方ばかりでした。その中で、都内のA支店長の「部下をじっくり育てて半年待てば必ず数字に表れる」という言葉に衝撃を受けました。

インタビューの日、支店を訪れると近年稀にみる感じの良いテラーの方が笑顔で迎えて下さいました。その後、A支店長にお話を伺ったのですが、驚いたのが職員の方の振る舞いです。出かけるとき、戻ったときに、A支店長に「行ってまいります」「ただいま帰りました」と挨拶をするのです。それでいながら私に対する心遣いもしてくれます。店内は実に良い雰囲気でした。

どういう育て方をされているのだろうか？　と興味を持ちました。すると、A支店長が行っていた育成は、まさにコーチングそのものだったのです。

一人ひとりの部下を信頼し、向き合い、愛情を注ぎ、個性を重んじた指導をする。もちろん本部からの厳しい収益目標がないわけではありません。しかし、その店に着任してから半年間は、「待ちの姿勢」を貫いて育成に取り組んだそうです。半年経過後、徐々に成果が現れ、その後はずっと収益目標をクリアし続けているとのお話でした。

「コツは部下一人ひとりに声をかけ気遣ってやること。そして自信をつけさせることですよ。そうすれば必ず伸びる」。確かに、A支店長の「おかえり」「ご苦労さん」という言葉には、口先だけではない深い愛情が感じられました。

A支店長のお話を伺い、コーチングは金融機関の収益力アップに必ず役立つと改めて確信しました。リーダーを含め全員がコーチングを取り入れ、お互いを尊重し合う風土になることで、必ず全員の能力が発揮されます。ですから、コーチングによって、営業店で働く職員の皆さんが、お客様に生き生きとした最高のサービスを提供できる、「強い営業店」をつくることは可能なのです。

第6章

コーチングで負けない組織をつくる

1 一日一回コーチング

面談や会議などでコーチングを取り入れることはとても効果的です。しかし、そんなときにだけ使っていたのでは、日常的に部下のやる気を引き出すことは難しいといえます。そこで提唱したいのが「一日一回コーチング」です。

研修などでこう話すと、「部下がたくさんいるのにそんなことは無理」「そんな時間的余裕はない」との答えが返ってきます。

しかし、これは毎日15分も20分もかけてコーチングしてほしいと言っているわけではないのです。一日2〜3分のミニコーチングでいいのです。

今はもう、上司が支店の奥で部下が検印を求めてくるのを待っている時代ではありません。部下は忙しいのです。上司から部下のところに足を運びましょう。そこでできる検印

一人ひとりに目配りしてミニコーチングを

はたくさんあるはずです。

そのときにできるのが、ミニコーチングです。

たとえば、「今日の調子はどう?」「何か困っていることはない?」「お客様の様子はどうかな?」と声をかけながら回ります。よくやっている部下を見つけたら「○○さん、よく頑張っているね」。髪を切った部下を見たら「△△さん、雰囲気変わった?」と声をかけます。

一人ひとりに目を配り、丁寧に声をかけていくのです。そして部下の返答をコーチングを意識して受け止め、ときには短い会話をします。

もしそこで部下が何か困っているようだったら、その場でミニミーティングを行います。時間がなければ、短い一言コーチングでも構いません。

そのたびに、部下は「上司は自分のことをよく見てくれている」「気にかけてくれている」つまり「大切にされている」と思うわけです。あなたの一言一言が、部下の社会的欲求や承認欲求をきちんと満たし、やる気を引き出しているのです。

2 CS運動よりも「ありがとう」運動を

営業店では「今期はCS向上運動を実施しています」「今月はマナー向上月間です」など様々な運動を行っています。店内に横断幕やポスターを貼り出し、お客様に周知している場面も多く見かけます。

しかし、現在ではCS向上なくして企業の存続はありえませんし、いまさらマナーを向上させなければならないのでは問題です。

金融業界は、常に「お客様の立場で」と提唱しているのにもかかわらず、世間からはお客様を満足させていると思われていません。その原因のひとつには、職員自身が仕事や職場に喜びを感じていないことが関係しているのではないでしょうか。

数年前、某米系企業の日本支社で、社員が感謝の気持ちを伝え合う「ありがとう運動」

●小さな『ありがとう』がCS向上につながる！

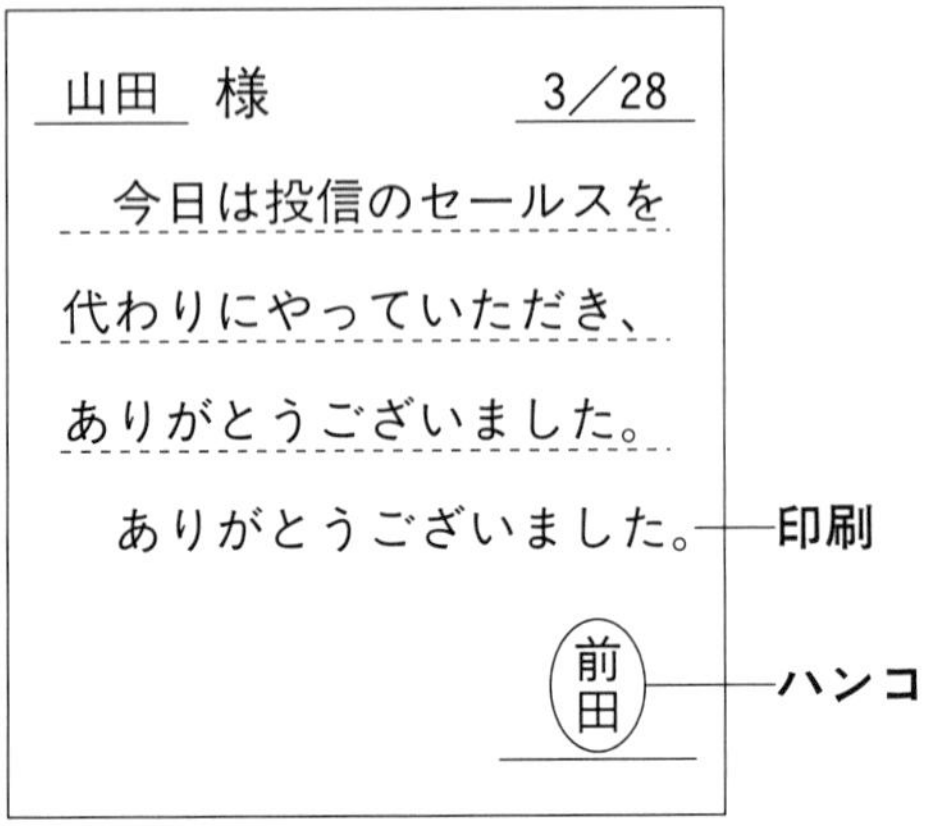

山田　様
3／28
今日は投信のセールスを
代わりにやっていただき、
ありがとうございました。
ありがとうございました。
印刷
前田
ハンコ

ともいうべき仕組みを取り入れていることを知りました。

「○○さんへ　この前私のゴミ箱のゴミを捨ててくれてありがとう　△△より」

どんな小さなことでも「ありがとう」と言えることを見つけたら、定型フォームのメモ用紙に書き込み、相手に渡すのです。この仕組みを導入してから、会社の業績はかなり向上したということでした。その後、同じような試みは日本国内の企業でも少しずつ始められています。

この仕組みは、社員自らが仲間あるいは上司から大切にされている、自分の存在を承認できるという環境作りにつながっています。

自分自身の社会的欲求や承認欲求が満たされていないのに、お客様の立場に立ってものを考えよというのは無理な要求です。まずお互いを認め合うことから始めるというのが得策と言えましょう。

3 コーチングでアイディアを引き出す

「ダラダラとしていて結論が出ない」「時間ばかりかかる」「発言するのは一人で他の人は聞き手になってしまう」誰しもそんな会議の経験はあると思います。

会議は全員がアイディアを出し合い、結論を導き出す場です。それなのに実際は前述のようになってしまい、せっかくの機会が活かされていません。「会議が多い会社はつぶれる」と言われるゆえんもここにあります。ところが会議の運営にもコーチングが役立つのです。

そもそも多くの連絡手段がある現代において、一方通行のコミュニケーションになりがちな連絡会議は開く必要がなくなってきています。会議を開催する目的は、多くの人の考えやアイディアを引き出し、質の高い結論を導き出すためです。そこで、会議の主役である参加者全員からより多くのアイディアを引き出すことに、コーチングを活かしてみてはいかがでしょうか。

まず、司会者は全員に質問しアイディアを出してくれるよう促します。この場合、集団の中では発言しにくいことを勘案し、出てきた意見は全て肯定的に受け止めるようにします。一回でも否定してしまうと、その後自由な発言がされにくくなってしまうからです。

誰しも集団の中で否定されることに傷つきます。しかし、肯定することによって、集団（参加者）に安心感をもたらすことができます。司会者が肯定的に受け止めることが他人の発言を促すのです。

また「視点を変える質問」や「チャンクダウン」「チャンクアップ」を使うことも効果的です。まず、できるだけ多角的なアイディアを出していくことをねらいます。

その後は、出てきたアイディアを整理し、問題点を検討して結論を出すという、今までの方法で進めていっても、これまでより充実した内容の会議となることでしょう。

コーチングの活用でより多くのアイディアを引き出す

4 コーチングで様々な問題を解決する

上司が職場や部下の抱える様々な問題に出会ったとき、問題の解決にコーチングを意識的に使うことで、より継続的な効果を得ることができます。と同時に、それを通じて部下の成長を促すことが可能になります。

問題解決のステップは、大きく分けて以下の3つになります。

〈ステップ1〉 問題の明確化

ここでは「問題」そのものを掘り下げて解決への道を探ります。オープンな質問、クローズな質問、チャンクダウン、チャンクアップなどの質問を活用しながら、表面的な問題ではなく本当の問題は何かを明確にしていきます。「現状の分析」「望ましい状態と現状とのギャップ」「問題の本質（本当の問題は何か）」「原因」。

●問題解決のステップ

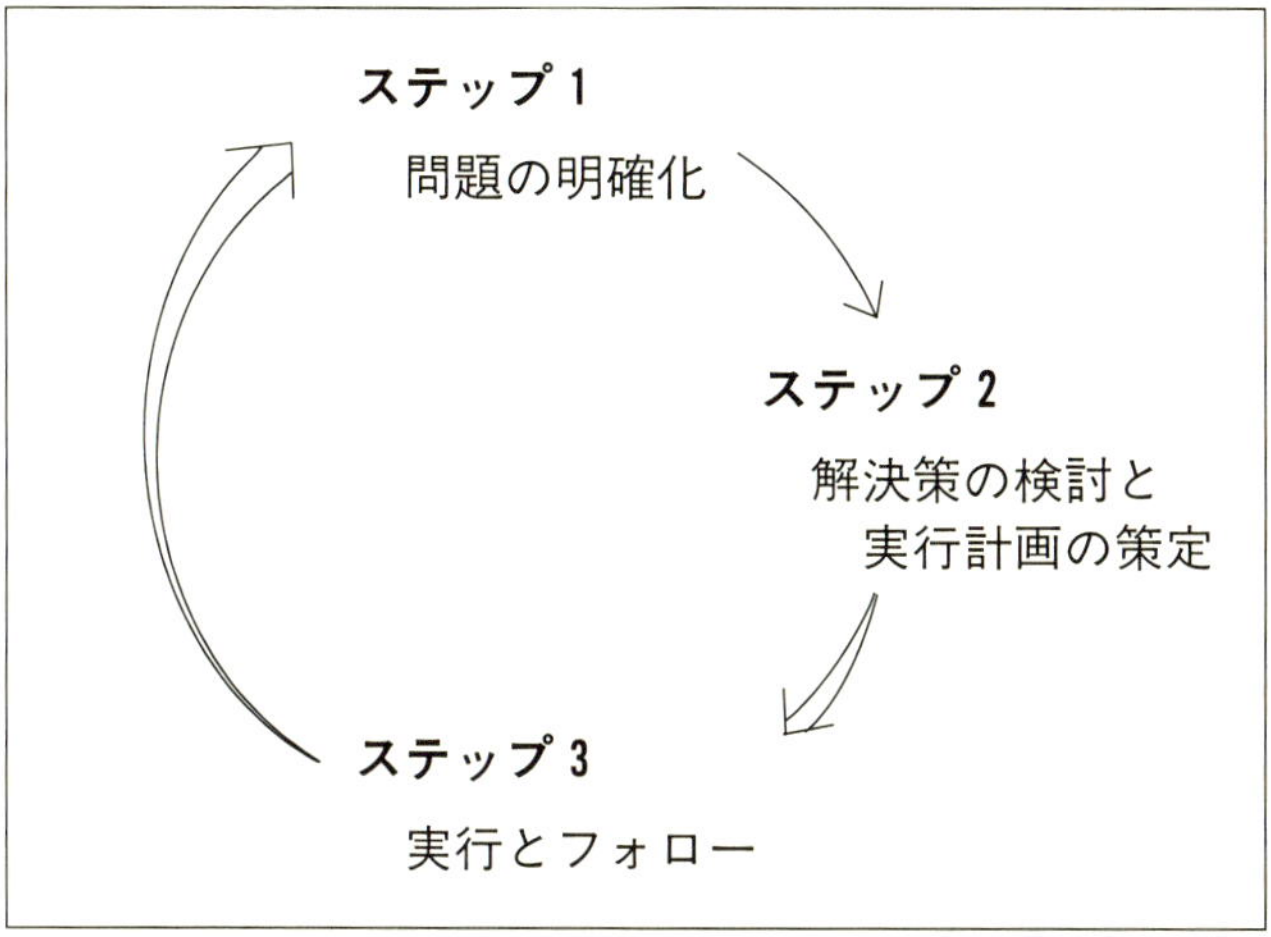

〈ステップ2〉　解決策の検討と実行計画の策定

　問題と原因がはっきりしたら、解決策の検討に進みます。〈ステップ1〉同様に質問をしつつ、フィードバックや提案を活用することで、部下とともに解決策とその実行計画を検討します。部下を「やろう」という気持ちにさせることがポイントです。

〈ステップ3〉　実行とフォロー

　ここでは実行計画と部下のメンテナンスにコーチングを活用します。実行状況を確認し、必要なら計画の修正を一緒に行っていきます。それをやりながら、「認める」「ほめる」を効果的に使い、部下自身が自分の強みに気づき自信をつけられるようにしていきます。

5 金融機関の目標管理とコーチング

成果主義の導入が進む中、多くの金融機関の職員の方から「目標」という言葉を耳にするようになりました。しかし、この「目標」は一方的に与えられる「ノルマ」ととらえられているケースが多いようです。

成果主義と切っても切れない「目標管理」の「目標」は、本来一方的に与えられるものではありません。上司がその目標の根拠を説明し部下がそれに同意する、つまり部下が自分でやると決めるものなのです。

しかしながら、現場の収益目標は、営業店全体の目標額を人数割りして上から下へと与えられているのが現状です。これでは部下をプレッシャーによって動かすことはできても、自主性や成長は妨げられてしまいます。

●目標管理の流れ

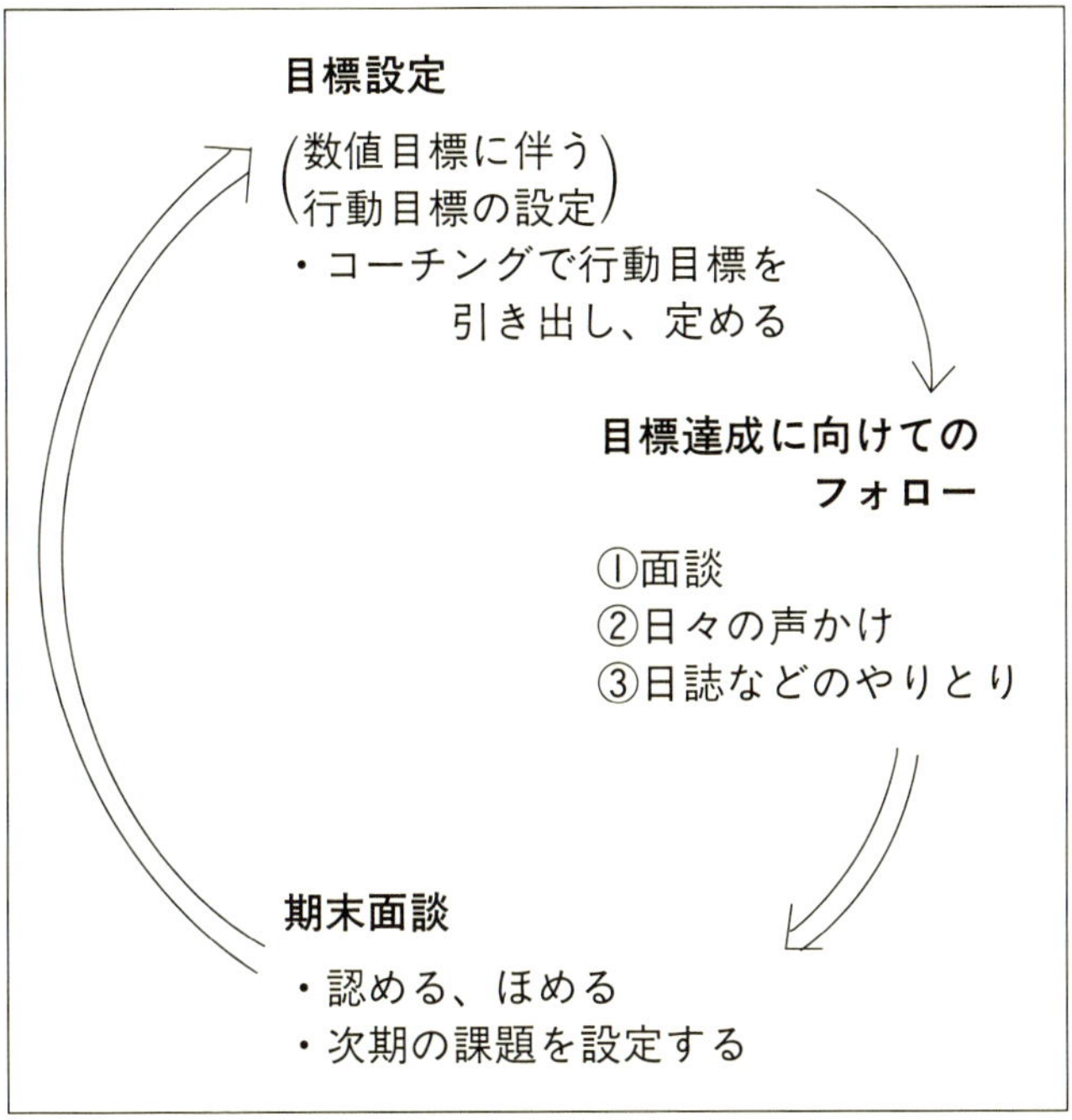
目標設定
（数値目標に伴う
行動目標の設定）
・コーチングで行動目標を
引き出し、定める
目標達成に向けての
フォロー
①面談
②日々の声かけ
③日誌などのやりとり
期末面談
・認める、ほめる
・次期の課題を設定する

そこでぜひ活用したいのがコーチングです。

目標を与えるとき、数値目標は決められていますが、行動目標は決められていません。そこで、「数値目標を達成するためにどうすればいいのか」「障害や不安の有無」など、コーチングを活用して話し合いながら行動目標を定めていきます。

次に、途中におけるフォローです。ここで考えられるのが、「①面談」「②日々の声かけ」「③日誌などのやりとり」です。

①面談…この章の「4　コーチングで様々な問題を解決する」で紹介したステップで行います。これは次項でもう一度触れます。

②日々の声かけ…この章の「1　一日一回コーチング」で紹介したようなミニコーチングを行います。

③日誌などのやりとり…テラー日誌、営業日誌など、部下が書いた報告書に上司がコメントして返す方法をとる職場が増えました。「このお客様には年金保険を」「株式投信を売って下さい」というような指示のコメントだけでは部下は育ちません。

文章のやりとりでもコーチングを活かすことができます。「よくがんばったね」「この調子」「とても良い判断だと思います」などとほめたり、「このケースには他にどのような方法がありますか?」「最近壁にぶつかっているようですが、何か不安がありますか?」などと問いかけることもできます。

また、「期待していますよ」「○○さんが頑張っていることを知っていますよ」などのメッセージを伝えることもできます。

そして期末の面談で振り返りを行い、次期への課題を明確にすることができます。

6 面談にコーチングを取り入れよう

最後に、実際の面談でコーチングを取り入れるとどうなるのかを見てみましょう。

以下はAさん（営業課の課長）とBさん（テラー）の面談風景です。Bさんは今期の収益目標の達成率がよくないようです。面談の位置づけは目標達成のためのフォローであり、面談の流れは問題解決のステップを踏みます。

〈ステップ1：問題の明確化〉

Aさん「Bさん、今期の目標の達成状況はどう？」

Bさん「それが…預かり資産の数字があまり取れていません」

Aさん「預かり資産が取れていないんだね。達成率は半分弱だね。Bさんは定期預金の数字は達成できているんだね。預かり資産のセールスに何か難しいところはある？」

Bさん「国債は売りやすいのですが、投資信託のセールスが難しいです」

Aさん「確かに国債はいい数字が出ているね。この調子でやってもらいたいと思うよ。ところで、投資信託のどこが難しいと思うの？」

Bさん「商品内容がよくわからないのです。値動きがあるし」

Aさん「Bさんがわからないのは、商品の仕組み？　それとも、値動きの仕組み？」

Bさん「値動きの仕組みです」

〈ステップ2：解決策の検討と実行計画の策定〉

Aさん「値動きの仕組みは確かにわかりにくいよね。それを知らずに投資信託を売るのはきついよな。どうしたらわかるようになるんだろうか？」

Bさん「勉強ですよね。でも何を勉強したらいいかよくわからないんです」

Aさん「勉強の仕方を誰かに聞いてみたことはある？」

Bさん「先輩のCさんに聞いたら、まず日経新聞を読みなさいと言われました。でも言葉が難しくてよくわからないんです。あっそうか、わからないことをCさんに聞けばよかったです」

Aさん「そうだよね。Cさんは商品や値動きの仕組みもよくわかっているから、聞くといいよね。では、これからどうしようか？」
Bさん「日経新聞を読んで、わからないところをCさんに聞いてみます」
Aさん「それはとてもいい考えだ。Bさんにはセールス力が十分あるので、知識の不安さえなければ絶対に売れると思うよ。それができたら実績はどうなると思う？」
Bさん「大きな不安はその部分なので、それが解消できれば国債と同じようにセールスできるようになりますから、達成できると思います」
〈ステップ3：実行とフォロー〉
Aさん「それならいいね。ところでいつから新聞を読み始める？」
Bさん「明日からやります」
Aさん「わかった。私に何かできることはある？」
Bさん「そうですね。Cさんに私がときどき新聞について聞くことがあるかもしれないと言っていただけないでしょうか。Cさんも忙しいので」
Aさん「わかった。私からも頼んでおくよ。それからCさんが忙しいときは、遠慮なく私に聞いてくれて構わないからね。Bさんのチャレンジしようという気持ちは本当にいいと思うよ。その調子でやれば大丈夫。努力すれば必ず結果は出てくるからね」

スキルの区別：　聴く　質問　認める　ほめる　メッセージを伝える

いかがでしょうか。この面談例のように、コーチングのスキルは普段の会話に自然な形で使うことができるのです。

前田典子（まえだ・のりこ）
人材育成コンサルタント／ワークライフコーチ
神奈川県鎌倉市生まれ。早稲田大学人間科学部卒。
東京銀行（現三菱東京UFJ銀行）、クレディ・スイス東京支店、（株）MSC（マネジメント・サービス・センター）勤務の後、金融機関専門研修会社設立を経て独立。現在（株）Keiビジネス代表取締役。
ビジネス経験とコーチングを活かし、組織内人材育成、一般向け講演、セミナーを行う（テーマ：コーチング、キャリアデザイン、ビジネスリテラシーなど）。その他、経営者、ビジネスマンを対象とするコーチング、チームやカップルの関係性を良くするシステム・コーチング、雑誌等の執筆活動も行っている。
コーチ21、CTIジャパンにてコーチング、CRRジャパンにてシステム・コーチングを学ぶ。

【著書】
・「口べタだっていいじゃない」と思えるコミュニケーション力養成講座（ダイヤモンド社）
・女性力で強くなる！ 新たな視点で切り開く人材マネジメント（近代セールス社）
・マンガ コーチング実践ものがたり（近代セールス社）
・収益力を高める 明るい職場づくり（近代セールス社）
・部下をやる気モードに変える40のヒント（近代セールス社）
・営業担当者のための 心でつながる顧客満足〈CS〉向上術（金融財政事情研究会）

HRD社公認DiSCインストラクター
NLPマスタープラクティショナー
CDA（厚生労働省指定キャリア・コンサルタント能力評価試験合格）
（財）生涯学習開発財団認定コーチ

株式会社Keiビジネス　http://www.kei-business.com/

強い営業店をつくる
今日からやろうコーチング！

平成17年 7 月29日　初 版 発 行
平成25年11月28日　第 4 版発行

著　者——前田　典子
発行者——福地　　健
発　行——株式会社近代セールス社
〒 164-8640　東京都中野区中央 1-13-9
電話(03)3366-5701
FAX(03)3366-2706
印刷・製本——株式会社暁印刷

ISBN978-4-7650-0896-9